AF344037

LE
COUP DE FOUET,
OU REVUE
DE
TOUS LES THÉATRES
DE PARIS.

SUJET DE L'ESTAMPE.

1°. *A droite, une aile du temple d'Appollon, sur le fronton duquel est écrit :* Temple des Arts.

2°. *Sur le seuil de la porte, Appollon, lui-même, un fouët à la main, pourchasse au loin cinq personnages, qui fuyent, effrayés ; savoir :*

LE PREMIER, *le plus proche d'Appollon, un cahier de papier, sortant de ses poches ; sur lequel on lit :* le Roi et le Laboureur.

LE SECOND, *une partition de musique à la main, intitulée :* Sémiramis, Op.

LE TROISIÈME, *tenant un papier roulé, laissant voir ces mots :* Athénées.

LE QUATRIÈME, *vêtu de noir, armé d'un poignard, avec un écriteau :* Tribunal invisible.

LE CINQUIÈME, *sur le dernier plan du tableau, près la bordure, à gauche, représente un vieillard, un journal dans sa main, posée au-dessus de sa tête, montrant ces mots :* Journal des Débats.

3°. *Midas, avec ses oreilles d'âne, planant dans les airs, avec une Furie ; au-dessus des fuyards.*

TEMPLE DES ARTS

LE COUP DE FOUET,

OU REVUE

DE

TOUS LES THÉATRES

DE PARIS;

Des Journalistes, des Cotteries littéraires, et de plus de CINQ CENTS Acteurs, Auteurs et Compositeurs de musique, très - connus;

PAR UN OBSERVATEUR IMPARTIAL.

———

A PARIS,

Chez tous les Marchands de nouveautés.

FIN DE L'AN X. — 1802.

LISTE
DES THÉATRES
DE PARIS.

Théatre Français, *Rue de la Loi.*

— Des Arts, (*Opéra*) *Rue de la Loi.*

— De l'Opéra-Comique-National, *Rue Feydeau,*

— De Picard, *Rue de Louvois.*

— De l'Opéra-Buffa, *Rue Favard.*

— Du Vaudeville, *Rue de Chartres.*

— Des Variétés-Montansier, *Palais du Tribunat.*

— De l'Ambigu-Comique, *Boulevard du Temple.*

— DE LA CITÉ , *en face le Palais
de Justice.*

— DE LA GAITÉ , *Boulevard du
Temple.*

— DES JEUNES-ARTISTES , *Rue
de Bondi.*

— DE MOLIÈRE , *Rue St.-Martin.*

— DE LA SOCIÉTÉ - OLIMPI-
QUE , *Rue de la Victoire.*

— DES DÉLASSEMENS , *Boulevard du Temple.*

— DU MARAIS , *Rue Culture-
Sainte-Catherine.*

— DE MAREUX , *Rue St.-Antoine.*

— DES VICTOIRES-NATIONA-
LES , *Rue du Bacq.*

— DES JEUNES - ÉLÈVES , *Rue
de Thionville.*

— D'ÉQUITATION , *de Fran-
cony, aux Capucines.*

— DE FANTASMAGORIE , *de
Robertson , aux Capucines.*

— PITTORESQUE ET MECA-
NIQUE , *Rue de la Fontaine.*

A CERTAINS JOURNALISTES.

Vous croyez, peut-être, Messieurs, que je vais implorer votre indulgence ; que pour désarmer votre rigueur, je vous adresserai une longue épître bien platte, bien fastidieuse, dans laquelle me qualifiant *votre cher abonné*, je vous vanterai mon Ouvrage, comme le chef-d'œuvre de l'esprit humain, le *nec plus ultrà* du génie ? Désabusez-vous, Messieurs, un moyen si facile de passer à la postérité, est trop indigne de moi : j'appelle, au contraire, toute votre sévérité, je provoque toute votre colère..... Pleuvent sur moi, vos traits satyriques, vos injures grossières, vos sarcasmes si niais, vos épigrammes si fades, je m'en soucie fort peu, et tel un poëte, honteusement cé-lèbre, *je secoue sur vous la poussière* de mes pieds.

Je vous vois sourire, Messieurs, votre amour-propre est froissé, et malgré vous, sous un mépris appa-rent, vous déguisez un dépit bien réel.

Joyeux FAB... PIT...., que vos raisonnemens sont sensés ! — Trop badin LUC...., que vous maniez bien l'arme du ridicule ! — Grave DUC...- DUM....., que vos disserta-tions sont savantes ! — Illustrissime LEP...., comme vos analyses sont piquantes et variées ! — Implaca-ble GÉOF..., que votre critique est ingénieuse et, sur-tout, polie !... Mais je m'arrête, grands *Aristarques* de nos jours, je passe à la préface de mon livre.

DEUX MOTS
DE PRÉFACE.

Je ne suis d'aucune cotterie ; je n'appartiens à aucun théâtre ; je suis auteur moi-même , mais je ne connais personnellement que très - peu des personnages dont j'ai occasion de parler. La ré daction des journaux m'a tou-jours été étrangère, et l'animosité n'a jamais dirigé ma plume.

Le lecteur voudra bien per-mettre que je garde , quelque-tems , *l'anonyme* , afin de me soustraire à certaines corrections nocturnes , dont mes épaules ont été déjà menacées , pour plusieurs autres ouvrages qu'on m'avait faussement attribués.

Je ne crains point de m'expliquer avec un homme d'honneur , mais je redoute la vengeance des lâches.

Je n'ai prétendu attaquer la moralité de personne ; on peut être mauvais acteur , écrivain plus mauvais encore , et excellent citoyen.

Si mes jugemens ne sont pas généralement goûtés , ce n'est pas ma faute , j'ai le malheur de penser ainsi que je m'exprime,

Ce petit ouvrage est publié sur la fin de l'an dix ; il peut-être infiniment utile à tous ceux qui fréquentent les spectacles , et particulièrement aux étrangers que la paix générale , attire , de tous côtés , dans nos murs.

Je ne crois pas avoir omis rien de bien essentiel. Indépendamment de tous les acteurs et actrices des vingt théâtres de Paris , je mentionne , dans cet opuscule , près de trois cents auteurs et poëtes vivans ; nos compositeurs de musique , les plus distingués, et tous les journalistes qui me sont suffisamment connus.

Chacun y trouvera son lot; tous

n'en seront pas également satis-
faits ; quelques-uns , peut-être ,
se hâteront de me critiquer ,
dans certaines feuilles périodiques. Dans tous les cas , je suis
bien disposé à garder le silence le
plus absolu. — Si leurs remarques
sont judicieuses , j'en profiterai ;
si , à défaut de raisonnemens ,
ils m'adressent des injures , je les
mépriserai.

Mon but a été de piquer la
curiosité publique , de plaire un
moment ; j'ignore si j'ai réussi.

THÉATRE

DE L'OPÉRA-COMIQUE.

APRÈS avoir changé quatre fois d'administration, dans deux ans, les anciens tenans du Théâtre Feydeau, pour échapper à la faim cruelle qui menaçait de les dévorer, se sont réunis, ou plutôt ont cédé leur salle, aux plus redoutables de leurs concurrens, les acteurs de l'Opéra-comique du Théâtre Italien.

Ont-ils gagné à cette réunion? l'expérience a déjà résolu cette question par la négative, et le public et les recettes l'ont également confirmée.

Maintenant, les acteurs et actrices de ce spectacle, qui sont au nombre de plus de *quarante*, sont d'une paresse inouie; outre cela, la division et les mésintelligences se sont glissées parmi eux, et dieu sait comment vont les choses.

Une triple ligne de démarcation est établie dans cette société de comédiens. La *Troupe*

B

dorée compose la première ; *l'ancienne Trou-*
pe de Feydeau, la seconde ; et la troisième,
enfin, consiste dans des fragmens des deux
autres, qui sont ce qu'on appelle, les *dou-*
bles, ou *rebus*.

Troupe dorée.

Elle seule fait la recette ; elle seule attire
le public, et elle seule, aussi vide la caisse,
à son bénéfice, et au détriment de tout le
reste.

ELLEVIOU. Cet acteur est sans contredit
le premier de ce théâtre. Le *Prisonnier*,
Adolphe et Clara, *une Folie*, l'ont mis en vogue. Doué d'un physique avantageux, d'une
voix assez fraîche, d'une bonne méthode ;
répandu dans la meilleure société ; il jouit
d'une grande réputation, sur-tout, parmi
les femmes qui ne peuvent se lasser de
l'admirer.

Nonobstant ces brillans avantages, *Elleviou*
est loin d'être un bon chanteur et un acteur
même suportable. Il ne joue passablement
que les rôles d'officiers roués et libertins ;
il échoue complettement dans les emplois
de fats et de haut caractère ; temoins le *Bar-*
bier de Séville, et les *Évènemens imprévus*,

que pour sa gloire il s'est vîte hâté d'aban-
donner.

MARTIN , digne pendant d'*Elleviou* , partageant , avec lui , tous ses lauriers , et que
l'engouement du public a fait souvent pré-
ferer à *Garat* et à *Laïs* , les seuls chanteurs
dont la France puisse aujourd'hui s'honorer.
Les femmes *rafolent* d'*Elleviou* , et les
amateurs de musique ultramontaine, crient
au miracle , lorsqu'ils entendent chanter
Martin.

La critique la plus sévère ne peut refuser
à *Martin* , une voix très-agréable , une facilité extraordinaire, une grande connaissance
de son art ; mais qu'il fait un mauvais usage de ses moyens , et qu'il mériterait bien
d'être sifflé dans le *Concert interrompu* et
une Folie ! . . . .

Martin chante toujours , au gré de son
caprice , et l'on peut dire de sa voix , qu'elle
accompagne les instrumens de l'orchestre.

Outre des défauts aussi essentiels , mais
qu'il ne tiendrait qu'à lui de corriger, *Martin* n'est nullement acteur, et ceux qui pré-
tendent , que dans cette partie , il a gagné ,
depuis deux ans, se trompent étrangement.

CHÉNARD. L'acteur le plus utile et le plus laborieux de la troupe. Ses moyens semblent s'affaiblir, un peu, sa basse-taille n'est plus si pleine, ni si sonore, mais il est toujours aimé du public, qui le traite en enfant gâté, et lui pardonne bien des licences contraires au bon goût et aux mœurs. Les rôles *à tablier*, sont ceux qui lui conviennent le mieux; il est parfait dans *Ambroise*, *Philipe et Georgette*, *etc*. En général, les pièces du nouveau répertoire ne lui sont pas avantageuses, si j'en excepte *Adolphe et Clara* et le *Concert interrompu*: il singe le sentiment et ridiculise l'héroïsme. Comme homme privé, on le dit estimable, sous tous les rapports.

GAVAUDAN. Cet acteur dont les passions sont vives, impétueuses, dont le caractère est bouillant, colère, donne à tous ses rôles, une teinte convulsionnaire, qui séduit la multitude et enlève les applaudissemens. Ses amis le comparent hardiment à *Talma*, qui lui-même est loin d'être un modèle à citer. S'il existe quelque ressemblance entre ces deux acteurs, elle est dans les efforts qu'ils font l'un et l'autre, pour ajouter à la noir-

cœur de leurs rôles. En effet *Montano* et
Charles-neuf ; le *Délire* et *Venceslas* offrent
la preuve de mon assertion.

Le seul avantage de *Gavaudan* est d'exprimer bien ce qu'il sent , et de faire passer
dans l'âme des spectateurs , ces impressions
fortes et douloureuses , qui n'appartiennent
que rarement aux talens médiocres.

Depuis un an , *Gavaudan* n'a pas eu une
seule pièce où il puisse faire briller ces
avantages , aussi sa réputation en a-t-elle
beaucoup souffert.

SOLIÉ : il décline de jour en jour , et
bientôt ne sera plus guère suportable. Je
n'ai jamais beaucoup aimé cet acteur , sous
l'un et l'autre rapport de son art. Sa voix
factice est conduite avec assez de goût ,
mais les éclats en sont bruyans et aigus : il
entonne , de la même manière, le rondeau,
l'ariette et le couplet. Il a de grandes obligations à *Hoffmann* et à *Méhul* , car sans
Stratonice et *Euphrosine* , je doute que son
nom fut jamais devenu célèbre , si toutefois,
il a acquis quelque célebrité.

Solié est aussi compositeur de musique ,
mais à l'exception de quelques couplets

agréables , son chant est mal fait et rempli de confusion.

Madame SAINT-AUBIN. Pourquoi avec un talent si distingué , avoir tant d'amour-propre et de jalousie ? *Trente-huit ans sont-ils l'écueil ou le terme d'une bonne réputation* ? N'applaudissons-nous pas tous les jours , *Mélé , Monvel* , Madame *Contat* , qui comptent près du double d'années ? Rassurez-vous , aimable actrice , la perle de l'Opéra - comique ; *Philis* est sans doute charmante ; sa voix est agréable ; élevé dans une bonne école , elle acquiert , chaque jour , de ce talent que vous possédez à un si haut dégré ; mais qu'elle est encore loin de vous être comparée ! modèle de grace et d'enjouement , vous ravissez tous ceux qui ont le bonheur de vous entendre. Plus d'une pièce , sans votre talent enchanteur , n'aurait vu qu'une fois le jour.

Je le demande à vous , *Monvel , Duval , Marsollier* , qui vous a inspiré les jolis rô-les de *Suzanne , Rosine* et *Clara* ? c'est Madame *Saint-Aubin*. A qui êtes-vous redevables de vos brillans et inespérés succès ? c'est encore à Madame *Saint-Aubin*.

Pour faire connaître cette actrice, il suffit de dire qu'elle réunit, à un suprême degré, tout ce qui constitue le plus parfait mérite et le plus rare talent. Après une longue et douloureuse maladie, elle a reparu au théâtre le 21 prairial dernier, et le public l'a couverte d'applaudissemens bien mérités.

Madame SCIO. Cette actrice, qui, ainsi que Madame *Saint-Aubin*, vient d'essuyer une grave maladie, doit rentrer incessamment. Une foule de pièces à fracas, languissent de son absence. Cette cantatrice a une réputation véritablement usurpée, lorqu'elle ose prétendre à tous les genres. Elle est des plus mauvaises dans les rôles d'ingénuité et de grande coquette, mais elle brille dans les caractères fortement dessinés, et dont le développement exige une très-grande étendue de voix.

Il faut l'entendre dans *Zoraïme et Zulnar*, *La Caverne*, etc. Ses poumons suffisent à peine, et tous les tympans des auditeurs sont ébranlés.

Néanmoins, Madame *Scio* est précieuse, dans la troupe; elle le serait encore davantage, si une santé moins faible et moins délicate, lui permettait de chanter un peu plus de quatre à cinq mois de l'année.

MADEMOISELLE PHILIS. Joli minois, vue d'optique, rivale déjà redoutable de Madame *Saint-Aubin*. Philis est élève de *Garat,* dont elle a contracté toutes les manières, excepté celles qui sont reconnues les meilleures.

Cette actrice aurait besoin d'être bien conseillée pour éviter de tomber dans des défauts qu'on lui fait envisager comme des qualités séduisantes. Je veux dire : la manière abandonnée, ou enfantine, à laquelle elle se livre trop fréquemment, pour exprimer les diverses nuances de ses rôles ; cet abus de roulades aglomérées, dont elle fait, de plus en plus usage.

Quelle tâche il lui reste encore à remplir, pour égaler Madame *Saint-Aubin*, et lui succéder dignement ! *Philis*, ne vous y trompez pas, vous êtes aussi éloignée de cette femme divine, qu'il y a de distance, de mérite, entre *Mérope* et le *Jugement de Salomon*, quoique le succès de l'une égale à-peu-près celui de l'autre.

Anciens Acteurs de Feydeau.

Ma nomenclature sera bientôt achevée. Tous ces acteurs et actrices réunis, ne valent pas une troupe de province du troisième ordre.

JULIET. Est-ce bien le même acteur qui faisait courir tout Paris, il y a quelques années, ou-bien n'est-ce plus le même public qui fréquentait, à cette époque, le théâtre de nos jours ?

Vous aviez donc raison, habitans de Lyon, lorsque vous fîtes un accueil si glacé, à *Juliet*, que les Parisiens avaient mis alors dans la plus grande vogue.

Cet acteur est lourd, monotone, automate. Il eût été tout au plus digne, de rester aux Boulevards, pour jouer *Nicodème dans la lune*. Sa gaîté est peu communicative ; elle est d'ailleurs rendue d'un ton bas, trivial et dégoûtant.

Vous, Messieurs les antiques partisans de *Juliet*, qui me lisez avec étonnement, répondez-moi : pourquoi ne riez-vous plus à ces farces grossières, à ces charges multipliées de votre acteur favori....? c'est que depuis frimaire an 10 ; le voile du prestige qui couvrait *l'Inimitable* (1) , est tombé à plat.... Reste à savoir s'il se relèvera.

GAVEAUX. Le plus triste comédien et chanteur des 103 départemens. — Qu'il compose de la musique , et sur-tout qu'il se prenne lui-même pour modèle , dans *l'Amour-filial* et le *Petit-Matelot* ! — N'est-il pas ridicule , pour ne rien dire de plus , de voir cet acteur jouer encore le rôle de *Belfort* , dans *les Visitandines* ? .... Certes si ce personnage est aimable dans cette pièce , ce n'est point sous les traits de *Gaveaux*.

RÉZICOURT. Il se prétend comédien , parcequ'il a joué , en Province , *Westiern* , dans *Tome-Jone* , et le *Vinaigrier* de la *Brouette* de *Mercier*.... Eh ! qu'il joue la comédie , et qu'il ne prenne pas le barbare plaisir de nous déchirer si souvent les oreilles !

FAY , LESAGE , DÉRUBELLE , GEORGET , ETC. ETC. Grâce , grâce , Messieurs ! vous nous faites acheter trop cher l'ennui de

---

(1) *Inimitable*. Expression dont se servaient les flateurs de *Julitt* , il y a quelques années.

vous voir. *Pontoise* et *Beaugency* vous appellent, c'est là que vous pourrez faire briller
les rares talens que la nature vous a donnés.

Mesdames HAUBERT, AUVRAY, RO-
SETTE GAVAUDAN, AGLAÉ GAVAUDAN,
JUSTINE GAVAUDAN, etc. etc. Quelle co-
horte, bon dieu ! et que fait-elle, sur le
Théâtre de l'Opéra-comique-national ?

Soyez plutôt maçon, si c'est votre métier.

Changez de sexe et faites l'application.

Doublures ou Rebus.

Ce qu'on est accoutumé d'appeler *Doublures*, à ce théâtre, vaut pourtant mieux
que les anciens acteurs de Feydeau, quoique, pour la plupart, les *doubles* soient
a-peu-près détestables.

Ceci me rappelle le mot comique, adres-
sé, un jour, dans les coulisses, par *Fleuriot*
à *Lesage* et à ses adhérens: *Messieurs*, dit-il,
*vous avez moins de talent que nous, quoique
nous n'en ayons guères.*

DOZAINVILLE. S'il n'est *double*, il est
rebus : en effet, ce maussade niais n'est

guère plaisant que dans le *Secret* et les *Deux Prisonniers*. Comme chanteur, il est absolument nul.

ANDRIEUX : misérable *Colin*, connu dans toutes les Villes de France, et sifflé sur tous les théâtres où il a osé paraître ; il joue presque, à contre-sens, tous les rôles qui lui sont confiés, et chante, à-peu-près comme Dozainville.

PHILIPPE ! L'éternel *Philippe !* usé, plus qu'usé ; bon, tout au plus, dans deux ou trois pièces de l'ancien répertoire ; *Tyran*, sans voix, sans moyens, et sans force.

MOREAU, Jeune acteur qui donnait, il y a deux ans, quelques espérances qu'il est bien loin de réaliser aujourd'hui.

FLEURIOT. Je ne parlerai point de lui, comme acteur, et encore moins comme chanteur. L'opinion du public, sur son compte, est, je crois, depuis longtems formée ; mais, il mérite dans cette brochure, une mention particulière, pour son zèle infatigable, dans tous les détails d'administration, pour son discernement et sa sagacité, et sur-tout, pour ses bons procédés envers les jeunes auteurs, qui, débutant

butant dans la carrière épineuse du théâtre, s'adressent, avec confiance, à lui.

DESSAULES, PAULIN, St.-AUBIN, ALLAIRE, BAPTISTE. — Cinq Portraits sous le même Numéro.

MADAME DUGAZON. Elle n'est plus que l'ombre d'elle-même. Son jeu est poissard, son chant rauque et faux, et ses gestes. . . .

MADAME CRÉTU. Fleur très-fanée, amoureuse, peu susceptible d'inspirer de l'amour; jeune première, enfin, de 46 ans, et c'est la critique la plus piquante que je puisse en faire. Malheureusement à ce mal, il n'est point de remède. Encore, si mettant à l'écart, sa forte dose d'amour-propre, elle consentait à prendre des rôles convenables à son âge. . . . mais l'on ne croit pas le public dans la confidence, la glace trompe, chaque matin, et l'on blesse, ainsi, toutes les convenances reçues.

CARLINE. On la croirait retirée du théâtre, si on ne la voyait paraître de tems en tems sur l'affiche. On regrette que cette actrice soit tombée dans la décrépitude ; elle sera difficilement remplacée.

C

Madame GONTHIER. *Duègne* que peuvent applaudir ceux qui ont connu l'aurore de son talent, mais que je trouve tout au moins inutile au Théâtre Feydeau, à l'exception de deux ou trois pièces de l'ancien répertoire. Cette actrice est consommée dans son art, et beaucoup trop, sans doute, car elle penche vers la caducité.

Mesdames GAVAUDAN, PHILIS, cadette, PINGENET, sœurs, DESBROSSES, PHILIPPE, etc. etc. malheureuse superfluité, dont le public et le théâtre se passeraient fort bien !

Telle est à-peu-près la composition du théâtre de l'Opéra-comique national. L'orchestre, conduit par *Lefevre*, frère de madame *Dugazon*, étoit meilleur sous *Blasius*, qui le dirigeoit précédemment. Les quatre premiers violons qui entourent le chef, sont, dit-on, de la première force ; tant mieux pour eux ; on assure que dans l'occasion, ils pourraient, chacun, briller dans l'exécution difficile d'un *solo* ou *concerto* ; je les en félicite, de bon cœur ; mais pour Dieu, qu'ils n'accompagnent pas, à tour de bras, les ariettes des *Tarchi*, des *Della-Maria* et des *Grétry* ! qu'ils réservent leur force et leur vigueur pour les compositions nerveuses des *Méhul*, des *Chérubini*, et des *Daleyrac* !

La salle de Feydeau est, sans contredit, la plus belle salle de spectacle, qui existe à Paris ; elle est sonore et très-avantageuse aux chanteurs, mais je la crois un peu trop vaste pour le genre de pieces qu'on y représente..... Il est vrai que ce genre n'est plus celui de *Favard*, *Anseaume*, et *Fuselier*, mais bien celui des *âneries* d'*Hoffmann*, des *niaiseries* sentimentales de *Bouilli* et des graves puérilités de *Marsollier-des-Vivetieres*.

Personne, plus que moi, ne desire la prospérité du Théâtre de l'Opéra-comique. Ce spectacle est national ; il marche immédiatement après le Théatre Français et l'Opéra, et il seroit peut-être de l'honneur et de l'intérêt du gouvernement de lui faire recouvrer son ancienne splendeur. Pour parvenir à ce but désirable, voici un nouveau plan que je propose, sauf rectification.

Plan pour la restauration de l'Opéra-
Comique.

Depuis la réunion , les dépenses surpassent , de beaucoup , les recettes jour-
nalières , quoique le spectacle , lorsque
les acteurs chéris jouent , fasse fréquemment *de bonnes chambrées.* Il en résulte
que la minorité prépondérante absorbe
tout , tandis que les cinq sixièmes de la
société , peuvent , à peine , trouver de
quoi vivre , dans la distribution des parts ,
et il s'en faut encore qu'ils soient payés
exactement ; plusieurs , en ce moment ,
ont quatre et cinq mois de solde arriérée.
C'est une vérité dont conviendront certainement tous les acteurs de l'Opéra-comique.

Je propose :

1°. Douze parts entières , seulement ,
divisées en vingt-quatre acteurs ou actrices , d'après la répartition ci-jointe :

Part entière à *Elleviou......*   1   part.
— Idem. — à *Martin*   1   "
— Idem. — à Madame *Scie..*   1   "

Total......... 3

D'une part....   3 parts.
— Idem. — à Mme *St.-Aubin.*   1   »
A *Chénard*.......................   »   3/4
A *Gavaudan.*....................   »   3/4
A *Solié*.........................   »   1/2
A *Dezainville* (vu son zèle)..   »   1/2
A *Juliet* (par souvenir).......   »   3/4
A *Rezicourt*.....................   »   1/4
A *Fay* (vu son utilité)........   »   1/3
A *Andrieux.*....................   »   1/4
A *Moreau.*......................   »   1/4
A *Fleuriot.*.....................   »   1/4
A *Baptiste.*.....................   »   1/8
A *St.-Aubin* ....   »   1/8
A *Georget.*......................   »   1/8
A *Dessaules* ....   »   1/8
A Madame *Haubert*...............   »   1/4
A Mademoiselle *Philis.*..........   »   1/2
A Madame *Dugazon*...............   »   1/3
A Madame *Crétu.*................   »   1/4
A Madame *Gonthier*..............   »   1/4
A Madame *Desbrosse*.............   »   1/3
Accessoires et utilités............   1   »

Total....... 12 parts.

Avec du travail , du discernement et

force nouveautés , chaque part entière pourrait s'élever à 24 mille francs , de manière que l'artiste le plus mal favorisé , dans le partage , aurait encore 3 mille francs par année , somme équivalente aux appointemens des meilleurs acteurs des théâtres subalternes.

2°. Il est de nécessité urgente que l'administration ait beaucoup d'égards pour les auteurs , et soit moins esclave des grands noms et des réputations, souvent usurpées , tels que *Marsollier* , *Duval* , *Hoffmann* , *Berton* , *Daleyrac* , *Méhul* , etc.

3°. Qu'elle renonce entièrement aux pièces à grand spectacle , qui exigent beaucoup de dépenses , pour les costumes et décorations , et qui couvrent rarement les frais qu'elles occasionnent ; témoins *Éliska* , *Ziméo* , *la Femme avare* , etc.

4°. Enfin , que l'harmonie la plus parfaite règne entre chacun des membres de la société , ... Mais ici , je m'apperçois que je demande la chose impossible , et je passe outre.

Courant du Répertoire.

Les pièces modernes les plus agréables

de l'Opéra-comique, sont : *le Prisonnier*, *Adolphe et Clara*, *Zoraime et Zulnar*, *Ariodant*, *Maison à vendre*, *l'Opéra-comique*, *l'Irato*, *une Folie*, *le Concert interrompu*, etc. etc.

Quant à *Montano*, *Monténéro*, *le Délire*, *la Tour de Neustadt*, *la Femme avare*, ces ouvrages barbares sont tout-à-fait indignés du troisième spectacle de la Capitale.

Pièces nouvelles.

Depuis la réunion, on remarque parmi les pièces nouvelles, données à ce théâtre :

LISEZ PLUTARQUE, opéra en 1 acte, de *Léger* et *Chazet*, mauvaise copie de celui de *Montansier*, qui, à la honte de ces auteurs, était beaucoup meilleur que celui de l'Opéra-comique. — Deux ou trois représentations. — Musique très-faible.

LA TOUR DE NEUSTADT, opéra en 3 actes, de *Marsollier*, musique de *Dalayrac*. Réchauffé de *Richard cœur de Lyon*. Enlèvement, siege, assaut, combat et autres gentillesses de cette espèce. —

Peu de succès ; la musique à l'unisson du poëme. La cimbale et les trombones, font tous les frais de la partition.

LISISTRATA, vaudeville d'*Hoffmann*, pièce immorale et sans intérêt. La police a bien voulu lui faire l'honneur d'en défendre la représentation.

LE RETOUR, opéra en 1 acte, de *Bernard-Valville*, musique de *Gaveaux*. Lourde chûte et bien méritée. — Parce que l'auteur a eu l'art de nous ennuyer deux fois, dans le *Trompeur trompé* et *Marcellin*, il s'imaginait que nous serions aussi indulgens la troisième. — La musique, pour la première fois, peut-être, a provoqué la chûte du poëme.

UNE AVENTURE DE SAINT-FOIX, opéra en 1 acte, paroles de *Duval*, musique d'el signor *Tarchi*. Cette aventure n'aurait été nullement plaisante pour leurs auteurs, si les *acteurs chéris*, c'est-à-dire, *Elleviou* et *Martin*, avaient dédaigné de paraître dans leur pièce. — La musique est médiocre, *Tarchi* a fait mieux dans le 30 *et* 40 et *Aurore de Guzman*.

L'ANTI-CHAMBRE, scènes à tiroir, de

Dupaty, musique de *Daleyrac*. Suspendues *par ordre*. L'ouvrage n'eut pas été loin ; il est d'ailleurs inconvenant sous tous les rapports.

UNE FOLIE, opéra en deux actes, de *Bouilli*, musique de *Méhul*. — Folie assez triste ; rien de neuf, pas même la musique.

Cette pièce, nonobstant le succès qu'elle a obtenu, n'ajoutera pas beaucoup à la réputation de ses auteurs, qui ont d'autres titres à la bienveillance du public.

LA FEMME AVARE, opéra en 1 acte, paroles d'*Hoffmann*, musique d'el signor *Nicolo*. Chûte complette, malgré la belle décoration du dénouement.

LE CONCERT INTERROMPU, opéra en 1 acte, de *Favières* et *Marsolier*, musique de *Berton* ; bluette assez agréable, très-bien jouée. Succès dû au chant de *Martin* et au jeu d'*Elleviou*. — Musique bien adaptée au sujet.

Dans cette pièce, *Martin* et *Chénard* jouent, l'un du Violon, l'autre de la Basse, en amateurs assez distingués.

LA FAUSSE DUÈGNE, ouvrage posthume

du célèbre et malheureux *Della-Maria*, auteur du *Prisonnier*, etc. , paroles de G. *Depinoy*. Cet opéra a été beaucoup trop vanté. Il n'a obtenu qu'un succès faible et incertain , dû encore , au respect qu'on portait à la mémoire du compositeur de la musique.

Quelques reprises d'anciennes pièces, ont eu lieu , depuis quelques mois , mais , à l'exception de *Zémire et Azor* , elles n'ont obtenu aucune espèce de succès.

La Colonie n'a eu qu'une seule représentation , et *les Deux Avares* trois ou quatre environ : il est vrai que les grands virtuoses ont refusé d'y paraître ; apparemment qu'ils trouvent ces ouvrages trop indignes de leurs sublimes talens.

THÉATRE

DE L'AMBIGU-COMIQUE.

CE théâtre est celui des Boulevards qui est le plus en vogue , aucun autre ne lui conteste la supériorité dans son genre. La salle présente un aspect gothique, et ne ressemble pas mal à l'intérieur d'un cloître du 14ᵉᵐᵉ siècle. Les habitués de ce spectacle sont pour la plupart des marchands du voisinage et des petits rentiers du Marais. On sait que le peuple de ce quartier a un gout particulier pour tout ce qui le rapproche de son étroite sphère. Aussi, son directeur, acteur, auteur, qu'on nomme CORSSE, donne-t-il à toutes ses pièces, et à tous ses *artistes*, une teinte de *bourgeoisie*, qui les rend passablement ridicules aux yeux de la bonne société.

C'est là où l'on voit représenter le *Jugement de Salomon*, orné de tout son spectacle (1). Un enfant de 3 ans, nommé *Julie*, y remplit le principal rôle, et ce

---

(1) Ces sortes de pièces sont toutes *ornées de grand spectacle* ; c'est-à-dire, farcies de danses, de combats, de marches, de chant, de costumes et décorations bisarres. Ces *Singes* du grand Opéra, copient si burlesquement leur modele, que

n'est pas l'acteur qui s'en acquitte le plus mal. Ce grand roi des hébreux y figure avec la simarre et le brodequin, et son jeune frère, la coqueluche de toutes les jolies femmes du quartier, étale un amour bien bourgeois, bien puéril, accompagné de sentences morales, bien rebattues, qui sont pourtant applaudies comme des vérités de *Montaigne*, ou des pensées de *Fontenelle*.

J'ai été douze fois, cette année, dans ce spectacle, et j'y ai vu douze pantomimes dialoguées, appelées *mélodrames*. Les grands faiseurs sont *Guilbert - Pixéricourt*, *Hubert et Caignez* ; trois écoliers très-ignares, à peine échappés des bancs du collége.

Paraît-il un roman nouveau, une pièce étrangère, non connue en France ? vite, ils s'en emparent, brodent une intrigue, aussi invraisemblable, que décousue ; copient textuellement les meilleurs phrases de l'auteur original, et ils se

---

loin d'être le pendant ou la copie du tableau, ils n'en sont que la *carricature*.

hâtent

hâtent de soumettre leurs productions au jugement du public , pour obtenir ce qu'ils appellent la *priorité* , qu'ils ont eu soin de faire constater deux mois a l'avance , dans le tres - complaisant *Courier des spectacles.*

Ce théâtre, néanmoins , peut plaire à certaines gens , parce que la mise des ouvrages y est assez soignée , et que les acteurs y montrent tous , sinon du talent , au moins du zèle. *Corsse* , le directeur , inspire la gaieté dans la plupart des pièces où il joue, notamment dans les travertissemens féminins , tels que *Madame Angot.*

TAUTIN emploie tous ses efforts à faire oublier ses principes vicieux , fruit d'une très-mauvaise éducation , mais ,

» *Chassez le naturel , il revient au galop.* »

Une Madame LÉVÊQUE ne serait peut-être pas sans talent , si elle eût été instruite à une meilleure école , et si elle conservait , dit-on , moins de penchant pour les liqueurs fortes , et les exercices sensuels.

Le reste ne vaut guère la peine que j'en fasse mention.   D

Courant du Répertoire.

CŒLINA ou *l'Enfant du Mystère* , noir mélodrame de *Guilbert-Pixéricourt* , copié du très-long et très-ennuyeux roman de *Ducrai - Duminil* ; des horreurs , accompagnées de farces tragi-comiques , et d'un style burlesque et plat ; voilà tout ce qu'on trouve dans ce monstrueux ouvrage , qui a passé néanmoins , au moment où j'écris , sa centième représentation.

LE PÉLERIN BLANC , du même auteur , ressorts dramatiques calqués sur le modèle de *Cœlina* ; belles horreurs assaisonnées de quelques jolies scènes des *deux Petits-Savoyards* , du théâtre Italien.

L'HOMME A TROIS VISAGES , encore du même auteur ; quelle malheureuse fécondité ! Ce drame est tiré de la pièce allemande d'*Abélino* ; si l'écrivassier qui l'a transportée au théâtre , s'était borné à copier son modèle , que *Lamarteliere* lui avait même évité la peine de traduire , il en aurait fait une pièce suportable ; mais il a jugé à-propos de nous faire connaître son esprit inventif , en ajoutant un 3eme. visage au héros de l'ouvrage , ce qui rend son intrigue si embrouillée , qu'elle pourrait facilement servir d'énigme au *Mercure de France*.

NOURJAHAD ET CHÉRÉDIN , le JUGEMENT DE SALOMON. Ici , je m'arrête , ce n'est plus l'œuvre de l'inépuisable et ingénieux *Guilbert* , mais de l'audacieux *Caignez* , qui , à plus de 45 ans , n'a pas craint de se présenter dans l'arène , en face d'un si redoutable athlète.

J'ai déjà dit deux mots de ce *Jugement de Salomon* ; pour *Nourjahad* , l'auteur qui a mutilé ainsi un roman si frais , si joli , est bien un franc *Goujat*. Outre la platitude du style , sur un sujet si heureux , les acteurs disputent encore de niaiseries et de ridicules prétentions. *Taulin* joue en *Orosmane saupoudré* , le rôle de *Chérédin*, et on prendrait volontiers sa digne héroïne , Madame *Lévêque* , pour la marchande harangère du coin de la rue.

Cuvelier a aussi donné à ce théâtre plusieurs de ses sublimes productions , notamment le *Tribunal invisible* ; galimathias soporifique qui a endormi tout l'auditoire , et fini par tomber à plat , à la première représentation ; mais il ne s'est pas tenu pour battu , il en a appelé ,

Du parterre *équitable* au parterre *acheté* (1) ,

et il a glorieusement triomphé aux représentations suivantes.

Je ne mentionne pas ici *ses Hommes de la nature* , mis en opposition avec *les Hommes policés* , à-peu-près comme M. *d'Arnaud* a fait du *Roi et du Laboureur* ; c'est une pantomime mort-née , qui ne reparait plus sur la scène.

ERREUR ET SYMPATHIE , ou la *Double illusion* , titre problématique que la pièce elle-même n'a pu résoudre , est d'un auteur nommé *Hubert* , peu connu dans les fastes du théâtre. Cette production de sa plume n'était pas absolument dépourvue de bon sens , et par cela même elle n'a

---

(1) On donna , *aux amis* , près de 200 Billets à la 2e. Représentation , et voilà ce que *Cuvélier* appelle ressaisir le succès qui lui échappait.

obtenu que très - peu de succès. On y remarque un rôle d'*insensé*, neuf à la scène, et assez bien tracé.

Je laisse derrière moi une infinité d'autres ouvrages qu'on joue à ce theâtre, et notamment des petites pièces en 1 acte, pour lesquelles le directeur paye 6 francs, par représentation, à leurs auteurs faméliques, à-peu-près comme il le ferait à ses garçons perruquiers. Une seule de ses dernières m'a paru digne d'être distingué de la foule ; elle a pour titre : LES DEUX STATUES. Le poëme est très - gai ; il est de *Milcent*, auteur d'Hécube, et la musique de *Porta*.... Mais l'orchestre, que conduit un homme dépourvu de talens, quoiqu'à grandes prétentions (*Quaisain*) l'exécute si mal.... Mais les acteurs y sont si mauvais, à l'exception d'un ou de deux au plus.... hélas ! holà !.....

Quoi ! me dira-t-on, tout est donc mauvais à l'*Ambigu - comique* ? Comment motiver l'empressement du public, qui s'y porte en foule ?... Par son mauvais goût dont-il a fait preuve depuis long-temps. Au surplus , la mode favorise aujourd'hui le théâtre , elle l'abandonnera demain. Déjà un *Joigny* , un *Dufresne* , qui ont remplacé *Revalard* et *Lebel* , lui ont fait perdre un 6eme de ses recettes ; une autre cause aussi futile pourra l'anéantir tout-à-fait.

J'ai omis , à dessein , dans la nomenclature des pièces , l'immorale et indécente *Madame Angot au sérail de Constantinople.* Tout le monde convient , à-présent que cet ouvrage est usé et rebattu , que rien n'est plus insipide , plus ennuyeux.... Hé bien , il a eu plus de 50 représentations , et a fait toute la fortune du directeur *Corsse* , qui , dans cette circonstance a montré sinon beaucoup de talent , du moins beaucoup d'adresse.

Une chose digne de remarque , c'est que la presque totalité des pièces nouvelles , représentées à l'Ambigu - comique , sous l'administration de *Corsse* , a réussi.

Un tres-grand nombre , cependant, sont de la derniere médiocrité , mais le succès est arrangé d'avance ; *les amis* savent donner l'inpulsion convenue , et au moindre mur-

mure , ou au plus petit coup de sifflets ,
les cris : *à la cabale !* se font entendre
de toutes parts , trop heureux encore ,
pour le spectateur tranquille , quand la
salle ne devient pas une véritable arène
de combattans.

THÉÂTRE

DE L'OPÉRA-BUFFA.

DE l'ancienne troupe des Bouffons ,
qui jouait , en 1788 , au théâtre de
Monsieur , il ne reste plus maintenant
en France , que *Raffanelli* ; encore les 12
ans qui se sont écoulés depuis , ont-ils
beaucoup affaibli les moyens de ce virtuose.

Viganoni , *Mandini* , *Rovédino* , *Clarki*
sont à Londres , où , secondés par Mesdames *Banti* et *Billington* , ils recueillent
une ample moisson de lauriers , et sur-
tout de *guinées* , dont , comme on sait ,
les lords anglais ne sont point avares.

Tel qu'il est aujourd'hui , le théâtre de *l'Opera-Buffa* de Paris , est infiniment précieux pour servir de modèle à nos chanteurs et à nos musiciens. C'est dans ce théâtre seul , où toutes les richesses de l'harmonie se déploient ; ce n'est que là où *Cimarosa* , *Paësiello* et *Sarti* nous font jouir de leurs délicieuses productions.

J'ai vu récemment l'Opéra-Italien de Londres , et j'avoue que celui de Paris , lui est extrêmement inférieur , soit pour la composition de l'orchestre , soit pour les pièces qu'on y représente , soit enfin , pour le talent des chanteurs , et sur-tout des cantatrices.

En Italie , il n'est guère d'usage de *monter* plus de 4 opéra nouveaux par an , encore regarde-t-on ce nombre comme considérable. En France , les bouffons actuels , dans l'espace d'un an , ont joué plus de 20 pièces , sinon nouvelles , mais toutes variées.

L'Opéra-comique , au contraire , donne , à peine , une nouveauté par mois , et plus souvent encore , une chétive pièce en 1 acte ; tandis que du tems des *Favart*

et des *Sedaine* , il en paraissait aproxi-
mativement de 3o à 36 par an.....
Aussi le zèle du théâtre *Favart* a-t-il été
récompensé par l'affluence du public ,
qui s'y porte en foule , et la paresse de
l'autre causera peut - être sa ruine et sa
dissolution.

Acteurs.

Il signor RAFFANELLI ; ou ce n'est plus
le même que *Préville* admirait dans le
Barbier de Séville , ou cet acteur a bien
dégénéré.

Raffanelli ne chante plus , et lorsqu'il
veut forcer ses moyens , il chante *faux* ,
et certes , il doit être aussi extraordinaire
d'entendre chanter FAUX , à l'Opéra Buffa ,
qu'il devrait paraître étonnant d'entendre
chanter JUSTE , *Lainez* ou *Andrieux*.

— MARTINELLI , grimme extrêmement
précieux ; peu de voix , mais chantant
toujours avec un goût exquis. Cet acteur
n'a tenu aucun compte des conseils qu'on
lui a généralement donnés , d'aban-
donner le rôle d'*Almaviva* , dans le
Barbier de Séville , qui ne lui convient

nullement , et il a tort et grand tort. Les deux pièces où il se montre , sous le jour le plus avantageux , sont l'*Entrepreneur dans l'embaras* et *les Bohémiens à la Foire*.

— LAZZÉRINI. Ce chanteur n'a plus de moyens, et c'est dommage, car il a une excellente méthode et beaucoup de goût. Il est pourtant le premier de son emploi (*ténor*), et ce n'est pas donner une haute idée de la composition de la troupe.

— PARLAMAGNI. Basse-taille , pleine de rudesse et d'âpreté. Ou je me trompe fort, ou ce chanteur n'est pas doué d'une grande intelligence. Depuis 18 mois qu'il est à Paris, il ne s'est corrigé d'aucun de ses défauts , et il sont malheureusement en très-grand nombre.

Je ne puis citer une seule pièce où *Parlamagni* soit même passable. Lorsqu'il a fait entendre tous les éclats de sa voix de *stentor*, il croit avoir mérité les plus grands applaudissemens , et il se dispense de tout ce qui lui reste encore à faire.

Li signori SACCONI , BINAGHI , CICERELLI et PASINI , ne déparent point la réunion des *virtuoses* que je viens de nommer. Quelques-uns, même d'entr'eux, pourraient leur succéder avec avantage, mais ils ont peu d'habitude de la scène, et n'ont point encore acquis ce *droit d'ancienneté*, auquel on sacrifie, en Italie, plus que par-tout ailleurs.

Actrices.

La signora STRINA-SACCHI. Vieille-jeune première, qu'on s'obstine à trouver *divine*, et que je trouve tout au moins d'un talent médiocre.

Sa voix est assez belle, mais aigne et désagréable ; son jeu est trop ultramontain pour pouvoir plaire long-tems en France, et je ne doute pas que bientôt on ne lui préfère l'aimable signora *Bolla*, qui a toutes les graces et l'enjouement d'une française.

Le triomphe de *la signora Strina-Sacchi*, est, sans contredit, dans le rôle de la *Villageoise enlevée* de *Bianchi* ; aussi joue-t-on très-souvent cet opéra, parce que cette cantatrice, par *droit d'ancienneté*, comme je viens de l'expliquer, a beaucoup d'influence dans le comité bouffon.

La signora BOLLA. Elle ne jouoit, dit-on, que les seconds rôles a Londres ; tant pis pour les anglais, ils ne sont pas connaisseurs. Cette charmante actrice n'a pas toute cette étendue de moyens, dont s'énorgueillit sa rivale *Strina-Sacchi*, mais elle chante avec infiniment plus de délicatesse et de goût. Le son de sa voix caresse délicieusement les oreilles ; et que m'importe *les tours de forces* dans tous les genres ! *Vestriss* est l'idole de beaucoup de personnes, et moi, je ne crains pas de l'avouer, je lui préfère *Deshaies*. De même Madame *Saint-Aubin* me paroit bien supérieure à Madame *Scio*.

Madame ROLANDEAU ; c'est une française qui n'a pas craint de risquer l'honneur national à l'*Opéra-Buffa*, et à ce titre, elle mérite toute notre reconnoissance.

Madame *Rolandeau* a débuté, il y a quelques mois, dans les *Noces de Dorine*, et elle y a obtenu le succès le plus brillant et le mieux mérité. Elle n'a pas également réussi dans *Rosine*, du *Barbier de Séville*,

et

et cela devait être , c'est un rôle qui convenait davantage à la signora *Bolla*.

Je crois que Madame *Rolandeau* , pour sa gloire et pour nos plaisirs , ferait bien de rentrer dans son berceau , le théâtre de l'Opéra-comique , mais j'oublie que ses camarades n'ont point voulu la recevoir parmi eux. O honte !....

La signora PARLAMAGNI. Si cette femme n'avait pas autant de molesse , et sur-tout , si elle possedait une méthode plus sûre , et un goût meilleur , elle pourrait prétendre à l'emploi de *Prima-Dona* , mais je doute qu'elle y parvienne de long-temps.

Le signore SEVESTI et... sont pour les rôles accessoires , et contribuent à l'ensemble des finales , qui ne sont , nulle part , exécutées avec plus de perfection qu'à ce théâtre.

Courant du répertoire.

(Comme j'écris pour des Lecteurs Français , je supprime les noms italiens.)

LE MARIAGE SECRET , de *Cimarosa* , la meilleure production de ce théâtre , et celle aussi qui est jouée le plus souvent , et avec l'ensemble le plus parfait. Il fau-

E

droit citer tous les morceaux de cet Opéra enchanteur, pour en faire un digne éloge. Aussi, cette pièce n'est point, comme la plupart des autres, un ouvrage de marqueterie ; tout, à l'exception d'un seul air, est de l'immortel *Cimarosa*.

LA PIERRE SYMPATHIQUE, d'un élève de *Paësiello* ; j'ignore pourquoi cette pièce n'a point passé sa sixième ou septième représentation ; elle méritait plus de succès ; mais son auteur n'était point assez connu,.... fâcheuse prévention !

L'ITALIENNE A LONDRES. Cet ouvrage est trop connu à Paris, pour que je m'étende longuement sur son rare mérite. Après le *Mariage Secret*, c'est peut-être la meilleure pièce de *Cimarosa*.

LA MEUNIÈRE, le MARQUIS DE TULIPANO, le BARBIER DE SÉVILLE. Trois opéra de *Paësiello*, également très-connus à Paris, et qui font le plus grand honneur à ce célèbre compositeur.

L'ÉPOUSE CAPRICIEUSE, production froide, de *Guillelmi*, qui n'a obtenue que très-peu de succès, et qui, d'ailleurs, a été très-faiblement chantée.

RUSE ET FOURBERIE. Si son auteur,

Marco-di-Capua, avait été précédé, en France, par une grande réputation, son ouvrage aurait obtenu le plus brillant succès, mais on ne lui a pas rendu la justice qu'il méritait; on s'est refusé à croire qu'un auteur si peu connu, pût produire un *Chef-d'œuvre*, attributions exclusives des *Cimarosa*, des *Paësiello*, des *Sarti*, etc.

JEANNETTE ET BERNARDIN, de *Cimarosa*, et L'ENTREPRENEUR ITALIEN, du même auteur, sont bien loin de valoir le *Mariage Secret* et l'*Italienne à Londres*; néanmoins, ce sont des ouvrages bien supérieurs, en musique, à ceux qu'on est accoutumé d'entendre à l'Opéra-comique.

LA SERVANTE MAÎTRESSE. Je regrette qu'avec tout son talent, *Paësiello* ait eu l'audace profane de toucher à ce chef-d'œuvre de *Pergolèse*, et peut-être de toutes les productions lyriques connues.

LES NOCES DE DORINE, ouvrage charmant, de *Sarti*, mais qui a considérablement vieilli. Il a servi de début à Madame *Rolandeau*.

LES HONGROIS A LA FOIRE. Cette pièce, de *Paësiello*, mérite une mention

particulière ; à peine , si la musique de
cet auteur y entre pour un cinquième ,
ce sont , pour la plupart , des morceaux
détachés des plus grands maîtres.

A la 2e. représentation , *Paësiello* parut dans une loge , et on lui fit l'injure
(bien innocemment sans doute) , d'applaudir à tous les airs qui n'étaient pas
de lui , en même tems qu'on restait
froid à tout ce qui était sorti de sa plume... Le beau moyen de témoigner notre
satisfaction aux étrangers célèbres qui
viennent nous honorer de leur présence !...

LA VILLAGEOISE ENLEVÉE , de *Bianchi.*
L'auteur compose encore des opéra , à
Londres ; mais des 30 ou 40 qu'il a pu-
bliés depuis nombre d'années , il n'est
resté que l'humble *Villageoise* pour soutenir sa réputation.

E PERCHÉ NO ? (Eh pourquoi pas ?) Et
pourquoi l'auteur du Poëme , *Raffanelli* ,
n'a-t-il pas laissé dormir encore dix ans ,
cet ouvrage , dans les cartons ?

L'HEUREUSE TROMPERIE ; pièce moderne
de *Paësiello* , elle a obtenu le plus brillant succès. Le sujet est des plus insigni-

fans , mais la musique est ravissante , et renferme des beautés du premier ordre.

Un chanteur Italien , nommé BIANCHI , récemment arrivé de Berlin , a donné , à ce théâtre , quelques intermèdes comiques , de *Paësiello* et de *Cimarosa* , intitulés *le Cordonnier* , le *Maître de musique* , et *l'Avare* , mais je doute qu'il fasse oublier M. *Ellemenreick* , chanteur allemand très-distingué , qui , dans les mêmes pièces , obtint , il y a deux ans , le plus grand succès , au théâtre Favart , lorsque ce spectacle était exploité par les acteurs de l'Opéra-comique-français.

On voit , par cette notice , où je n'ai compris que les ouvrages les plus remarquables , que les acteurs de *l'Opéra-Buffa* , ont considérablement travaillé.

Je n'ai point encore parlé de l'orchestre , dirigé par le professeur *Bruni* , auteur de la musique de plusieurs pièces estimées , de l'Opéra-comique ; les basses , quelques violons et violoncelles ne sont pas de la première force ; je doute qu'ils soient capables d'exécuter un concerto de *Viotti* ou de *Romberg* , mais au moins , ils savent respecter le génie des *Paësiello* et des *Cimarosa*, et n'accompagnent pas, à tour de bras, comme les *Bouvier*, les *Guigne* et les *Vacher*, de l'Opéra-comique.

THÉATRE
DES JEUNES ARTISTES. (1)

Nul Théatre, à Paris, ne donne plus de nouveautés que celui-ci. On devrait savoir quelque gré à son administrateur *Foignet*, des efforts multipliés qu'il fait pour plaire au public, si les nouveautés qu'il offre à son jugement, n'étaient pas le comble du mauvais goût et de l'ineptie,

---

(1) N'est-il pas ridicule de voir de jeunes bambins de 14 ans, et des hommes faits, qui ont encore moins de talens qu'eux, prendre la pompeuse qualification d'*artistes* que se refusent modestement *Molé*, *Fleuri*, *Lais*, etc.... *David*, *Vernet*, que serez-vous ? des acteurs, en peinture.

au moins , pour la plupart ; quelques-
unes , cependant , méritent d'être distin-
guées de la foule ; elles ressemblent assez
aux perles semées dans du fumier.

La pièce qu'on représente le plus fréquemment et avec le plus grand succès ,
maintenant , aux jeunes Artistes , est le
Chat botté , drame-opéra , en 5 actes , accompagné de tous ses agréments. Ces agréments consistent en apparitions de diables ,
fée , cachots , combats , etc. L'auteur est *Cuvelier* , connu par un très-grand nombre de
drames , opéra , pantomimes , représentés
sur tous les théâtres de Paris, excepté ceux,
en petit nombre , qui se piquent d'avoir
quelque sens commun. Ce grand homme
n'a pris du conte bleu , le *Chat botté* , que
le titre ; il a dédaigné ce pauvre sujet , et
tout le reste est de son invention ; aussi
c'est un galimathias si embrouillé , que le
tribunal invisible , lui-même , est , en comparaison , un chef-d'œuvre de clarté et de
précision.

Vient ensuite *la Forêt de Sicile* , opéra ,
farci de toutes les gentillesses à la mode ,
transplanté du théâtre Montansier , par son

auteur *Guilbert-Pixérécourt*, dont j'ai déjà
eu occasion de parler. C'est à la représentation de cette pièce que les voleurs
devraient venir prendre des leçons, pour
l'exercice de leur art. Tout ce qu'on peut
inventer d'atroce et de révoltant, se trouve
dans *la Forêt de Sicile* ; c'est un chef-
d'œuvre d'ignorance et de déraison ; pourtant l'ouvrage a déjà passé sa centième
représentation !

Et *Pierre Luc, Cultivateur du Mont-
Blanc !* quelle vénération ! quelle candeur !
et sur-tout, quel style élégant et sublime !
il n'y manque que le bon sens, et c'est
peu de chose.

Paraissent, à la file, *les trois Sœurs ;
il ne partira pas ; Jacasset ; Colombine toute
seule ; la Physionomanie ; M. Mitonet*, etc.
etc. Toutes ces pièces merveilleuses sont
favorablement accueillies, et les auteurs,
pour le prix de leurs veilles, reçoivent 4
francs, par représentation ; plus une bou-
teille de bierre et des échaudés, que leur
paie généreusement le jeune directeur
Foignet, une fois la semaine.

Ces messieurs n'ont point à se plaindre ;

ne savons-nous pas que *Rubens* ne reçut que 600 francs pour sa *transfiguration ?*

Je mentionnerai honorablement ici , deux pièces seulement , qui se jouent aux *Jeunes Artistes :*

LA PENSION DES JEUNES DEMOISELLES , de feu *Patrat* , est une pièce très-morale , et par conséquent très-estimable. La conduite en est sage ; le style est châtié , et les scènes , quoiqu'un peu puériles , sont assez intéressantes ; mais malheureusement , c'est joué…. et chanté…. hélas !

LE PAVILLON. Le poëme est fort peu de chose , il est vrai , mais la musique , qui est d'*Alex. Piccini* , est assez jolie. Les scènes sont bien filées , et on est tout étonné de voir représenter cet opéra , sur un pareil théâtre.

Acteurs.

FOIGNET , acteur , compositeur , directeur , et par-dessus tout cela , un sot , et un présomptueux , sans talent , sans goût et sans voix.

Quoiqu'il ne soit pas bossu , le rôle d'*Esope* lui conviendrait parfaitement , parce qu'il est extraordinairement laid , gros et court , si mieux il n'aime l'*Ours des Chasseurs et la Laitière.*

Ce prétendu comédien joue pourtant les fats , les rôles d'hommes à bonne fortune. ...

MONROSE , jeune ARTISTE , qui promettait , mais qui ne promet plus rien , quoiqu'il n'ait pas rempli ses promesses.

DELPECH , surnommé , à juste titre , *le petit Poucet* , car il a tout-au-plus , 4 pieds 6 pouces. *Delpech* dit , pourtant , qu'on ne lui rend pas justice , (je le crois bien , car , si on la lui rendait , on le renverrait à son Barème qu'il n'aurait jamais dû quitter) ; qu'il a un talent RARE , et qu'il partagerait avantageusement l'emploi de *Chénard* , dans l'Opéra-comique ; cela pourrait être , si tous les spectateurs se pourvoyaient de lunettes d'aproches , pour l'appercevoir sur la scène, et s'il chantait faux un peu moins souvent.

Mlle LAURENZETTI. Elle chante fort agréablement ; mais c'est une statue de marbre qu'il faudrait animer ; (le feu de Prométhée est éteint depuis long-tems). Tout est froid autour d'elle, aussi n'ayez garde qu'un auteur lui confie le soin de sa pièce nouvelle.

Mlle MARTIN. Petite actrice, maigre, efflanquée, dans les bonnes grâces du directeur, et qui n'en vaut pas mieux pour cela.

Le reste de la troupe est pitoyable, c'est la honte de Thalie ; aucun ne sait parler français, et personne n'est là pour les reprendre. Le souffleur lui-même sait à-peine lire, et plus d'une fois il est arrivé que le moucheur de quinquets leur a donné à tous des leçons de grammaire et de déclamation.

Ces petits théâtres ont un grand inconvénient, selon moi ; ils corrompent le goût, les mœurs, le langage, et finiront peut-être par ramener le peuple aux siècles de barbarie, si une bonne censure n'y vient mettre ordre promptement.

Les acteurs des Jeunes Artistes, se moquent, assure-t-on, de ceux du théâtre *sans Prétention* ; je puis assurer qu'aucun des deux théâtres n'est inférieur à l'autre , et qu'ils sont bien dignes de marcher , ensemble , sur la même ligne.

THÉATRE FRANÇAIS
DE LA RÉPUBLIQUE.

CE Théâtre , jadis l'orgueil de la France et le désespoir de l'Étranger , est bien déchu de son ancienne splendeur. Cinq ou six vieilles têtes le dirigent à leur gré , comme aux beaux jours de l'ancienne Comédie Française.

Croirait-on qu'ils n'admettent à la réception , que les ouvrages nouveaux dont le succès est le plus douteux , et encore en très-petit nombre. Leur secret est connu ; à peine si ces antiques comédiens ont deux ou trois ans d'existence théâtrale, et ils veulent profiter de ce laps si court , pour épuiser l'admiration des spectateurs

sur

sur les chef-d'œuvres de nos grands-maî-
tres , et ne laisser à leurs successeurs que
des regrets et de fâcheuses comparaisons.
Ce *bout d'oreilles* perce principalement
dans les représentations très-rapprochées
du ROI ET DU LABOUREUR et de JULIETTE
ET BELCOUR , les deux plus plates et insi-
gnifiantes productions qui aient été jouées
depuis vingt ans.

Un seul acteur , *Larive* , était dégagé de
cette honteuse partialité ; qui distingue
si éminemment ses camarades ; il solici-
tait des réformes utiles ; il demandait que
les jeunes auteurs fussent encouragés ,
qu'on ne les mît pas sans cesse , et avec
une perfidie calculée , en comparaison avec
les *Racine* , les *Corneille* , les *Voltaire*.
Courage funeste à l'art et à lui-même ! les
comédiens lui déclarèrent une haine mor-
telle ; ils lui ôtèrent toute influence dans
le comité des délibérations ; et pour comble de bassesse , le vieux satyrique *Géofroy* (1) , excité par quelques-uns d'entre-

---

(1) Voyez , à la fin de cet opuscule ,
à l'article des journalistes , celui qui le
concerne.   E

eux , se chargea de le mettre en piéces ,
dans son *feuilleton* , pour l'exposer à la
risée publique , et le forcer de quitter la
scéne tragique , qu'il honorait , depuis 3o.
ans , par ses talens , ses vertus et son
génie.

Il existe toujours dans cette nombreuse
troupe , un élément de discorde , que le
tems et la sagesse du Gouvernement n'ont
pu encore détruire. Ces divisions et d'autres petites rivalités nuisent infiniment
aux progrès de l'art. Chaque comédien a
ses créatures qu'il protége , au detriment
de celles qui plaisent à ses antagonistes.
— ainsi *Talma* et *Monvel* seront les partisans zélés de *Chénier* et *Legouvé* , tandis
que *Raucourt* et *Saint-Phal* , aideront de
tous leurs moyens *Mazoyer* et *Petitot*.

La comédie offre , parmi ses actrices
et acteurs , les mêmes rivalités et les
mêmes jalousies. *Comtat* est l'ennemie
née de *Petit-Vanhove* , et *Devienne* ne
peut suporter *Mars* , à cause de sa jolie
figure. — *Dazincourt* prétend l'emporter
sur *Dugazon* ; *Fleury* se compare à *Molé* ,
et *Baptiste* croit n'avoir point d'égal

Acteurs.

MOLÉ, Doyen de la Comédie Française ; jadis le premier acteur comique de l'Europe, encore sublime, dans le *Vieux Célibataire* ; le *Philinte*, le *Bourru bienfaisant* et le *Mysantrope*, mais ridicule lorsqu'il veut jouer le *Séducteur* et *Almaviva*, du *Mariage de Figaro*.

On donna, il y a quelques mois, au Théâtre des arts, une représentation à son bénéfice, qui lui valut près de trente mille francs. Depuis cette époque, il n'a plus reparu à la Comédie, et on le dit gravement indisposé. (1)

FLEURY. Cet acteur peu favorisé de la

---

(1) La Chronique scandaleuse rapporte, et ce fait a passé jusques dans les journaux de Londres, que *Molé*, peu de jours après cette représentation, a dépensé plus de 20 mille francs, avec une Courtisanne célèbre, nommée L***, qui l'a mis à la porte du tombeau....., *Molé* a plus de 60 ans !!!...

nature , a dû toute sa célébrité à l'art et à son travail opiniâtre. Les fats , les petits-maîtres , étaient autre-fois rendus par *Molé* , avec une désolante supériorité ; *Fleury* lui a succédé , et s'il n'a pas égalé son modèle , il laisse , du moins , peu de choses à désirer.

Fleury , cependant , penche vers son déclin ; un petit nombre de rôles lui conviennent maintenant , et sa santé , qui est très-faible , ne lui permet pas de jouer plus de 6 mois de l'année.

TALMA : est principalement sublime dans les rôles qui exigent une physionomie sombre et un caractère très-fortement prononcé , tels que ceux d'*Othello* , de *Néron* , *Charles IX* et *Venceslas*. Ses liaisons , avec Madame *Petit-Vanhove* , n'ont pas peu contribué à rendre celle-ci une des premières actrices du Théatre Français.

Talma est un acteur éminemment tragique , mais plus intelligent que consommé dans son art. C'est un de ceux qui donnent le plus de soins aux costumes antiques , et en cela , il mérite infiniment d'éloges.

SAINT-PHAL , acteur d'un talent médiocre , dont la réputation est véritablement usurpée. Il est vrai que personne ne
connaît mieux que lui le charlatanisme du
théâtre. Son physique est des plus in-
grats ; son jeu est froid et maniéré ; son
débit lent et monotone.

MONVEL ; vieillard morose , sans voix ,
sans moyens , véritable squelette ambu-
lant.

Pour faire connaître le talent de *Monvel* ,
je renverrais volontiers mon lecteur , aux
mémoires d'*Hypolitte Clairon*.

Monvel , qui paraît doué d'une profonde
sensibilité , n'a pourtant qu'une grande
connaissance de la scène , et rien de plus.
Outre que , dépourvu de toutes ses dents ,
il ne peut presque plus articuler , il s'a-
bandonne encore à une continuelle mobi-
lité de gestes et de physionomie , qui fatigue l'œil et n'intéresse nullement.

Cet acteur a eu cette année un
grand succès dans *Cinna* ; mais cela ne
prouve rien , sinon que son concurrent
Vanhove est encore plus mauvais que lui.

DUGAZON. Parfait comique. Quel dommage qu'il s'abandonne trop à la charge ! Ce défaut est malheureusement trop commun dans les acteurs de son emploi.

DAZINCOURT. On ne lui reprochera pas d'outrer ses rôles, comme *Dugazon*, car il est froid comme du marbre.

Dazincourt se flatte d'imiter *Préville*. Si cela est, c'est du plus loin qu'on s'en souvienne.

BAPTISTE aîné. La nature n'a rien refusé à cet acteur. Sa taille est gigantesque ; ses bras, d'une longueur démesurée, son organe, d'une grande étendue, et malgré tous ces avantages, il n'est bon que dans *Robert chef de brigands*, le *Festin de Pierre* et le *Glorieux*.

SAINT-PRIX : Superbe physique, grands moyens, mais peu de goût et de talent. Cet acteur tragique se présente très-bien sur la scène ; il déclame passablement les premières parties de ses rôles, mais il ne sait point se soutenir, et là où il faut le plus d'énergie, il ne montre que de la confusion et des efforts vains et impuissans.

DAMAS. La figure de cet acteur est commune , sa démarche empesée , sa voix glapissante. Pour enlever les applaudisssements , il se met dans des fureurs inexprimables , qui , selon quelques mauvais plaisans , ne ressemblent pas mal au *Désespoir de Jocrisse*.

VANHOVE.

« *Psalmodie à mon gré ,*
« *Quel succès l'attendait , s'il eût été Curé !* »

Cet amer sarcasme , cette piquante épigramme du poëte satyrique , *Despaze* , expriment par aitement la nature des talens de cet acteur.

GRANDMÉNIL *l'Avare !* l'*Avare* de Molière ! et qu'il abandonne ces rôles de Valets , qu'il jouait si bien...... il y a 20 ans. — Il est vrai qu'il s'y montre rarement.

MICHOT : joue avec beaucoup de naturel et d'originalité. L'auteur *Duval* a sçu parfaitement l'employer dans sa jolie Comédie , les *Projets de mariage.*

Peu d'acteurs ont plus d'aisance que *Michot* , sur la scène ; on dirait qu'il est au sein de sa famille , et que tous les spectateurs sont ses amis.

LAFONT. Jeune présomptueux qui a cru nous faire oublier *Larive* et *Talma* , et qui est bien loin de réaliser les espérances qu'on avait conçues de lui.

DUPONT : quelque-fois utile , doué de beaucoup d'intelligence et de sensibilité, mais absolument dépourvu de moyens.

LA ROCHELLE ; du second ordre.

NAUDET , mauvais.

MARCHAND , très-mauvais.

DESPRÉS , extrêmement mauvais.

ARMAND , détestable.

DUVAL , CAUMONT , BAPTISTE cadet , FLORENCE , parfaites inutilités , qui remplissent , néanmoins , chacun , des emplois utiles.

Actrices.

Madame COMTAT , surnommée THALIE. Réputation sinon usurpée , au moins imparfaitement méritée. Elle joue , à ravir , toutes les pièces de *Marivaux* , et en général , toutes celles où un subtil papillotage supplée à la consistance d'un dialogue serré et précis. C'est dommage qu'elle vieillisse beaucoup. Nous ne pouvons guère espérer de jouir de son talent, plus d'une année ou deux, mais Madame *Petit - Vanhove* nous reste pour adoucir nos regrets.

VANHOVE. Si je n'avais craint d'être accusé de partialité, j'aurais cité cette charmante actrice, avant *Thalie-Comtat*. Elle joue, avec une égale supériorité, la tragédie, le drame et la comédie bourgeoise ou de caractère. Son organe est enchanteur, sa diction est pure, et nulle autre qu'elle n'eût pû aspirer à célébrer dignement la célèbre *Gaussin*.

On lui reprochera, cependant, et avec beaucoup de raison, de ne point prendre dans la tragédie, un ton assez élevé, et de *parler* plutôt que de *déclamer*.

VESTRIS. Il est très-possible que *Voltaire*, au déclin de son âge, ait fait grand cas du talent alors naissant de cette actrice, lorsqu'il s'occupait des répétitions d'*Irène* ; il se peut encore qu'elle ait mérité les suffrages du public, il y a trente ans, dans *Gabrielle de Vergi*, mais certainement , aujourd'hui , Madame *Vestris* devrait respecter assez le public , ou se respecter assez elle-même , pour ne point présenter sur la scène les traits livides de son visage pâle et ridé. Il est vrai , qu'elle ne se montre pas souvent.

Croirait-on que cette momie bour-soufflée connaît encore tous les maneges de la coquetterie. C'était un spectacle curieux de la voir , il y a deux ans , jouant *Clytemnestre* dans *Etéocle et Polinice* , de *Legouvé*. Comme mère du vieil *Œdipe* , son époux incestueux , elle était surchargée d'atours et d'ornemens , et cherchait à se rajeunir , tandis que le décrépit *Monvel* s'efforçait , quoique fils de *Clytemnestre* , à paraître , au moins , deux fois plus âgé que sa mère.

DEVIENNE. Excellente soubrette de *Marivaux* , et très-mauvaise servante de *Molière*. Son débit est plein de volubilité , mais affecté et peu naturel.

MÉZERAI : fort aimable actrice , faisant un trop-fréquent usage des grimaces et des minauderies , jouant mal les rôles qui exigent de la sensibilité, mais excellente dans *Minuit*, *les deux Postes*, *Défiance et Malice*, et quelques autres pièces de contexture aussi légère.

FLEURY : actrice tragique, des plus usées, santé faible et languissante, qui nuit, dit-on, au développement de ses moyens. Au surplus, elle a, en propriété, quelques rôles dont elle s'acquitte, à la satisfaction du public, qui applaudit à ses efforts et à son zèle.

RAUCOURT. Le rang que j'assigne à *Raucourt*, dans cette notice, est, selon moi, le véritable et le seul qui lui appartienne. Cette actrice n'était point destinée à sortir d'une honnête médiocrité ; mais ses formes imposantes, sa tournure noble et tragique, ont fait fermer les yeux sur un grand nombre de défauts, dont, à son âge, il n'est plus permis d'espérer qu'elle se corrigera.

THÉNARD. Cette actrice n'obtiendra jamais qu'un succès d'estime, mais sous tous les rapports, il est bien mérité.

MARS : la plus décente de toutes les actrices du théâtre Français ; visant peu à une grande réputation , mais s'acquittant fort bien de tous les rôles qui lui sont confiés.

ÉMILIE-COMTAT : *Thalie - Comtat* , sa sœur, a les talens de toute la famille.

VOLNAIS , GROS et BOURGOIN. Ce sont trois jeunes débutantes , qui donnent quelques espérances , mais auxquelles il manque principalement l'habitude de la scène.

La meilleure des trois , est, sans contredit , Mlle *Volnais* ; vient ensuite Mlle *Bourgoin* , plus admirée pour sa beauté que pour ses talens. Mlle *Gros* promet le moins , mais on assure qu'elle travaille davantage que ses rivales , et le travail sait vaincre beaucoup de difficultés.

Les éternelles Dames SOIN et LA-CHASSAIGNE sont toujours à la comédie Française , à-peu-près comme ces vieux serviteurs que le souvenir de leurs anciens services , empêche de congédier.

Pièces nouvelles.

Du petit nombre de nouveautés données depuis un an , au théâtre Français, deux seulement

seulement ont obtenu une espèce de succès. La première est *Défiance et Malice*, petite comédie, à deux acteurs, de *Dieu-la-Foy*, jouée plus agréablement par Mlle *Mézerai*, que par *Saint-Phal*.

La seconde est *Édouard en Écosse*, drame de *Duval*, auquel l'esprit de parti avait donné une certaine vogue, mais qui n'en était pas moins un ouvrage monstrueux et indigne du théâtre de la République.

Au nombre des pièces tombées avec éclat, sont :

MAISON DONNÉE, de *Duval*, auteur de l'opéra-comique *Maison à Vendre*, dont cette comédie était la suite. Malgré les efforts de *Comlat* et compagnie ; la pièce fut à peine achevée, et elle méritait bien son sort.

LE ROI ET LE LABOUREUR. Après un modeste repos de plus de 8 mois, les comédiens Français n'ont pas craint de risquer sur la scène, cette tragédie amphigourique de *d'Arnaud* (1), membre de l'institut national.

----

(1) Cette critique est juste ; elle ne

G

Depuis *Attila* on ne vit, *onc*, une chûte aussi bruyante ; le parterre et les loges semblaient conjurés contre l'auteur ; envain quelques *Amis* voulaient montrer du zéle et du dévouement , tous leurs efforts furent impuissans ; cette fois , LA CABALE L'EMPORTA , a dit l'auteur , et la piéce expira au bruit d'une multitude innombrable de sifflets.

Je puis me dispenser de parler plus au long de ce sot ouvrage ; les champs et la ville s'en étant suffisamment occupés , depuis sa première et unique representation. Il me suffira de dire que tout ce qu'on peut inventer de ridicule , d'extravagance et de mauvais goût , se trouve réuni dans le *Roi et le Laboureur*.

On a prétendu que la poésie ne manquait pas de traits et d'élégance , moi je

---

saurait offenser M. d'*Arnaud* ; elle est conforme au jugement du Public , notre maître à tous ; et quand on a fait *Marius* et les *Vénitiens* , il reste encore bien des sujets de consolation.

soutiens que le petit nombre des vers à
citer , ne sont que de misérables para-
doxes, tels que ces deux-ci :

> *Pour rendre la justice, il suffit d'être*
> *juste....*

> *La force et la beauté sont les reines du*
> *monde....*

JULLIETTE ET BELCOUR. Au grand étonnement de tout le monde , et par un
effort extraordinaire de travail , le théâtre
Français , donna trois jours après
la chûte du *Roi et le Laboureur* , la
première représentation de *Juliette et Bel-*
cour , comédie en 3 actes et en vers *libres*.
Effectivement il régnait une si grande
liberté dans la poésie , la contexture et
le plan de l'ouvrage , que le public , peu
indulgent , l'a prise pour une *licence* très-
condamnable , et a proscrit le tout pour
jamais.

Les comédiens ne se sont pas tenus
pour battus ; ils ont représenté la pièce
une seconde fois ; c'est ici où la malice
des spectateurs s'est montrée dans tout

son jour. S'appercevant que les sifflets ne suffisaient pas pour faire disparaître la pièce du répertoire ; ils se sont avisé d'un moyen inconnu jusqu'ici , et après la représentation de la première pièce , loges et parterre , parterre et loges ont évacué la salle , et ont laissé les acteurs

Prêchant dans le désert.

Vous vous imaginez , lecteur , que *Raucourt*, *Molé* , *Fleury* , *Comtat* sont désespérés de ces chûtes multipliées , qui font si peu d'honneur à leur goût et à leur jugement ? point du tout , ils les avaient prédites confidentiellement , plus de six mois d'avance , et ils se sont hâtés de reprendre leurs chefs d'œuvres des siècles précédens , qui , sans contredit , sont des ouvrages d'un mérite supérieur ; mais , n'en déplaise aux partisans exclusifs de *Voltaire* , *Corneille* et *Racine* , je répéterais avec une femme spirituelle , ce mot qu'elle adressait à son amie :

Ma bonne , j'ai tant vu le soleil.

THÉATRE

SANS PRÉTENTION.

JE n'ennuyerai pas mon lecteur sur tout ce qui concerne cet insipide théâtre ; je me contenterai de dire qu'il faut qu'il y ait à Paris, des spectateurs bien complaisans, ou bien peu difficiles, pour qu'il existe encore.

Un nommé PRÉVOST, soi-disant, homme de lettres, est le directeur-auteur-répétiteur-acteur-allumeur-décorateur ; il accouche régulièrement, chaque mois, d'un drame, d'une comédie, ou d'une tragédie, en 5 actes et en prose, *voire* même quelquefois en vers.

Cet écrivain illustre, en est déjà à sa soixantième production ; et comme il le dit lui-même, il espère bien égaler et même surpasser, en nombre, les quatre cent et tant d'ouvrages de l'espagnol *Calderon de la Barca.*

G 3

Il ne se contente point de faire jouer ses immortelles pièces ; pour attester à la postérité et son génie et sa fécondité, il les fait toutes imprimer, et annoncer, sur l'affiche, qu'on en trouve des exemplaires chez les ouvreuses de loges de son intéressant spectacle.

Ce *Prévost* a le département des grands ouvrages, mais comme il faut aussi quelques petits vaudevilles bien sémillans, bien malins, pour délasser les spectateurs bénévoles, il s'est adjoint, pour cela, un jeune littérateur, nommé SIMONIN, aîné.

Ce *Simonin* n'a qu'un seul défaut, c'est qu'il ne sait point ce que c'est qu'une comédie, qu'il n'a jamais lu l'art poétique de *Despréaux*, et qu'il ignore absolument les premiers élémens de la Langue Française ; sans cette bagatelle, il serait déjà passablement célèbre, mais il faut espérer qu'il se perfectionnera.

Les acteurs du Théâtre *sans Prétention*, sont au niveau des pièces qu'ils jouent ; rien n'est plus plaisant que le ton empoulé et l'air gigantesque qu'ils emploient à débiter les niaiseries héroïques dont on fatigue leur malheureuse mémoire.

Les pièces qui ont maintenant la plus grande vogue, à ce théâtre, sont : le *Négociant de Genève*, qui n'est autre chose que les *Deux Amis* de *Beaumarchais* ; *l'Abbé de plâtre* ; le *Père absolu* ; *l'Ange et le Diable* ; *Adam et Ève* ; *l'Homme à deux visages*, *Nicodème en bonnes fortunes*, etc. etc.

Je finirai cet article par inviter ceux de mes lecteurs qui seraient tentés de visiter ce beau spectacle, à ne point se placer, sous le lustre, s'ils vont au parterre assis, car il n'est pas du tout rare de le voir *dé-gringoler*, une ou deux fois, par semaine, sur la tête des spectateurs.

THÉATRE
DE LA RÉPUBLIQUE
ET DES ARTS. (*OPÉRA*).

L'OPÉRA, après le THÉATRE SANS PRÉ-TENTION ! mais c'est comparer *Chazet* à

Colin-d'Harleville, les *Tytans* aux *Pygmées*; *Alexandre* à *Simphronius* !.....

Depuis la journée réparatrice du 18 Brumaire, le Théâtre de la *Republique et des Arts*, est redevenu ce qu'il était auparavant, c'est-à-dire le premier Théâtre de l'Europe, quoiqu'il soit encore bien loin de la perfection à laquelle il pourrait prétendre.

Les nouveautés qu'on y a données, depuis deux ans, n'ont pas également réussi ; il en est même qui sont indignes d'occuper la scène lyrique, mais elles méritent, toutes, une mention particulière, dans cette notice.

La grande rivalité de la danse et du chant, n'a point encore cessé, mais elle s'est, du moins, considérablement affaiblie, et désormais les pirouettes de *Vestris* ne feront point oublier l'extrême beauté du talent et de la voix de *Laïs*.

Chanteurs.

LAÏS : virtuose charmant, chanteur admirable, le premier, sans contredit, de tous nos théâtres. Si nous possédions , en France , seulement deux ou trois talens comme le sien , nous n'aurions , à cet égard , rien à envier aux Italiens.

Laïs ne laisse rien à desirer dans *Panur-ge* , la *Caravanne* , et sur-tout *Anacréon* ; mais dans *Hécube* , c'est un bien triste sei-gneur *Priam* , il est vrai que la pièce elle-même est un bien triste ouvrage.

Laïs mérite encore infiniment d'éloges pour la pureté de son chant , l'excellence de sa méthode, et son respect pour la parti-tion des compositeurs , qu'il ne surcharge jamais d'ornemens superflus , ainsi qu'on pourrait le reprocher à *Garat* et à *Martin*.

CHÉRON : son jeu est noble et distingué, mais il chante mal ; sa voix n'a plus d'é-tendue , et , ce chanteur a beaucoup per-du de sa vieille réputation.

ADRIEN : basse-taille , partageant l'em-ploi de *Chéron*. Longtems , cet acteur , desespérant d'égaler son rival , forma le téméraire dessein de quitter la scène lyri-que , pour jouer la tragédie au Théâtre Français ; il y aurait , peut-être , obtenu beaucoup de succès.

LAINEZ : je ne me déclarerai point le champion de *Lainez*, contre le débutant ROLAND, encore moins le défenseur de *Roland*, contre les prétentions de *Lainez*, mais je dirai qu'ils sont également mauvais tous deux ; que *Lainez* n'a plus de voix, plus de moyens, et qu'il est bien vieux, pour jouer les *jeunes premiers* ; qu'il chante les beaux airs d'*Armide* et d'*Orphée*, d'une manière beaucoup trop surannée, et qu'il ferait très-bien de demander et d'obtenir sa retraite.

LAFORÊT ; misérable chanteur, qui jouait l'opéra comique, en province, et plus récemment au Théâtre lyrique, rue de Louvois, où on le supportait à peine. Qu'on juge de l'effet qu'il doit produire sur notre premier théâtre.

LEBRUN : chanteur, qui, las de promener son indolence au Théâtre Feydeau, s'est réfugié à l'Opéra, où, par bonheur, il se montre très-rarement.

ROLAND : élève de *Garat* et du Conservatoire ; il a débuté, avec succès, dans le nouvel Opéra de *Semiramis* et *Armide*. On peut hardiment prédire que ce chanteur ne fera jamais rien à l'Opéra ; 1°. parceque son physique est grêle , mesquin et efféminé, grand défaut , à ce vaste théâtre , où il faut de la présentation ; 2°. parce que sa voix , quoique fraiche et jolie , est beaucoup trop faible pour un si grand cadre ; 3°, parce qu'à l'âge où il est parvenu , il n'est plus possible d'espérer qu'il acquerra ce qui lui manque.

Je conclus donc , par ces trois motifs , que *Roland* ferait fort bien de se sauver au théâtre *Feydeau* , où il pourrait prétendre à des succès éclatans , et même durables.

TANQUERELLE: Basse-taille rejettée du théâtre *Italien* , au théâtre *Feydeau* , et l'on dit même au théâtre *Montansier;* à peine s'il serait bon à faire sa partie dans les Chœurs.

DEHAULT : aurait mieux fait de rester à l'armée où il a , dit-on , l'emploi de chef de brigade.

BERTIN : voix dure et peu flexible , fait quelquefois plaisir.

MOREAU : Chanteur ordinaire et extra-ordinaire d'une certaine société savante ; mais , chut , ne réveillons pas la cendre des morts !

ÉLOY : autre éleve du Conservatoire ,qui a débuté avec peu de succes dans *Œdipe* et qui donne encore moins d'espérances que *Roland*.

LEFEVRE , PICARD , DUFRESNE et VIL-LOTEAU , doublures !.......

Cantatrices.

Madame MAILLARD , devenue indispensable depuis la retraite de Madame *Saint-Huberti* ; remplaçant par des cris aigus et déchirans , les accens de la douleur et du désespoir (1). Elle a , sur sa devancière , l'avantage de la taille et de la tournure , mais elle lui est beaucoup inférieure , dans les qualités qui constituent le veritable talent.

CHÉRON : Femme de l'acteur de ce nom ; on ne la voit plus , et le public ne s'en plaint pas.

LATOUR : Elle a fait dernièrement sa rentrée dans *Iphigénie en Aulide*. Cette actrice seconde *Maillard* , dans son emploi.

---

(1) On assure que par ses vociférations insuportables , elle a contribué à la surdité d'un musicien de l'orchestre.

Son

Son chant est assez expressif, et son jeu très-soigné.

ARMAND : Superbe voix ; grands moyens, peu d'intelligence et point de goût.

BRANCHU ; Élève du conservatoire, qui ne fait point encore un grand honneur à cet établissement, mais qui donne cependant quelques espérances.

HENRI, GAMBAIS, CHOLLET, AUGUSTE : *doublures !*

Danseurs.

VESTRIS : Grand faiseur de pirouettes et de tours de force ; connu également dans les salons et aux guinguettes. Le citer comme le premier danseur de l'Opéra français , c'est dire aussi , qu'il est le premier de toute l'Europe , dans cette partie si intéressante de nos jouissances et de nos plaisirs.

Chaque fois que *Vestris* paraît , il excite l'enthousiasme et provoque d'innombrables applaudissemens. L'Angleterre , qui a tout fait pour se l'approprier , a toujours trouvé dans ce danseur , un cœur vraiment français. Que ne puis-je en dire autant des transfuges *Didelot , Laborie et Rose !*

DESHAIES : Le plus aimable, comme aussi le plus ingrat sujet de ce théâtre. On n'oubliera jamais ses différentes excursions, dans l'étranger, au moment où l'Opéra approchait le plus de sa dissolution.

Deshaies n'a pas, comme *Vestris*, cette vigueur de nerf, qui étonne, mais ses grâces sont plus séduisantes. Il est charmant dans le *Ballet de Zéphire* que *Gardel* a composé exprès pour lui, à son retour.

GARDEL, auteur des Ballets de *Paris*, *Psiché*, la *Dansomanie*, etc., a le bon esprit de paraître rarement sur la scène.

BEAULIEU, marchant en ligne immédiate, après *Vestris* et *Deshaies* ; sa taille est svelte et bien prise, ses pas sont agréables et gracieux, et il se fait remarquer par une grande souplesse, et beaucoup d'agilité.

BRANCHU, BEAUPRÉ, MILON, GOYON, St.-AMAND et AUMER. Ces six danseurs seraient, individuellement, de la première force, sur les théâtres de Londres ou celui de Lisbonne.

Danseuses.

Madame GARDEL : quel dommage que la nature lui ait refusé une taille avantageuse et une jolie figure ! avec peu de ces agrémens extérieurs que la futilité humaine prise tant, cette aimable danseuse a trouvé le moyen d'acquérir la réputation la plus brillante et la mieux méritée.

CLOTILDE : après mille incartades galantes, tres-connues, cette danseuse a fait une *fin honnête* ; elle s'est mariée au compositeur de musique, *Boyeldieu*.... c'est édifiant ! Du reste, *Clotilde* danse avec beaucoup de grace, de noblesse et de dignité. *Calypso* et *Vénus* elles-mêmes ne sauraient être plus ravissantes.

CHEVIGNY : danseuse du premier mérite, coquette, perfide, dit-on ; chut, ce n'est pas de mon ressort.

VESTRIS : femme du danseur. On peut encore se rappeller l'aventure tragique de cette victime de l'amour conjugal. S'il m'était permis de m'écarter, un moment, de mon sujet, je demanderai à son volage époux, quel démon, ennemi de son repos et de ses plaisirs, a pu le porter à préférer la rose au bouton, dans ses liaisons avec Madame Ch.... très-aimable, sans doute, mais qui ne saurait effacer les grâces de la charmante Vestris.

DELILLE, DUPORT, LOUISE, NEUVILLE, etc., sont toutes de fort jolies danseuses, qui sacrifient, dit-on, très-facilement au culte de Vénus, et qui n'en valent pas moins pour cela.

Pièces nouvelles.

HÉCUBE, poëme de *Milcent*, musique de *Fontanelle*. Avant de débuter à l'Opéra, *Sacchini*, *Glück*, *Piccini* et *Grétri* avaient déjà fait leurs preuves, sur la plupart des théâtres de l'Europe, mais, de nos jours, l'essai d'un compositeur de musique se fait à ce superbe spectacle, témoins *Fontenelle*, *Kalkbrenner* et *Catel*.

Pour en revenir à HÉCUBE, cet ouvrage est aussi loin d'*Orphée* ou d'*Armide*, que *Turcaret* et le *Mysantrope* sont au-dessus de *Jullielle* et *Belcour*, et *Maison donnée*.

Le poëme d'*Hécube* est encore plus mauvais que la musique; les vers sont durs , rocailleux , prosaïques , je ne sache pas même qu'ils soient tous rimés.

ASTYANAX , poëme de feu *Dejaure* , musique de *Kreützer*. La musique ne vaut pas celle de *Paul et Virginie* , et *Lodoïska* , du même auteur , et le poëme est comme tous les ouvrages qui sont sortis de la plume de *Dejaure* , c'est-à-dire , extrêmement faible.

LES MYSTÈRES D'ISIS. Salmis , accomodé par *Morel* , auteur de la *Caravane* ; cette pièce doit toute sa réputation à la superbe musique de *Mozart* , qui n'était connue en France , que par quelques morceaux détachés , exécutés dans différens concerts. L'étranger *Lacchnit* a si mal AR-RANGÉ (1) la musique , qu'on a de la peine à reconnaître la *Flutte enchantée* , d'où il l'a tirée.

SÉMIRAMIS : *Desriaux* , auteur de *Dé-mophon* , a aussi ARRANGÉ le poëme de *Semiramis* , d'après celui de *Voltaire* ; et

---

(1) ARRANGER : expression favorite des auteurs modernes de *l'Opéra*.

dieu sait en quoi consiste cet ARRAN-
GEMENT !

Catel, professeur au conservatoire , a
également ARRANGÉ la musique , mais ,
d'après lui-même , et on ne doit point
lui en savoir beaucoup de gré ; car s'il
l'eût ARRANGÉE d'après les productions
des *Sarti* , des *Mozart* et des *Paësiello* ,
à-coup-sûr le public aurait goûté infiniment mieux cet ARRANGEMENT.

Cette musique n'offre que du vent ,
de la confusion et du bruit ; pas un seul
air , pas un seul morceau d'ensemble qui
soient dignes d'être cités. Les marches ,
mêmes , où *Catel* excelle particulièrement ,
sont extrêmement faibles : si les chœurs
n'étaient point accompagnés de trombones ,
cimbales , tam-tam, etc., ils ne produiraient
aucun effet.

Enfin , *Sémiramis* , tant vantée , est un
ouvrage barbare , qui meritait le sort du
Roi et le Laboureur , et qui est tout-à-fait
indigne du superbe théâtre de l'Opéra.

L'auteur *Desriaux* n'aurait pas même eu
le droit de demander grâce pour le poëme
de *Voltaire* , car il l'a tellement hâché ,

mutilé et travesti, qu'il l'a rendu à-peu-près méconnaissable.

Il est facile de juger, par cet apperçu, que le chant, au théâtre de l'Opéra, est bien inférieur à la danse ; que les meilleurs auteurs dedaignent de travailler pour ce spectacle, parcequ'ils n'y trouvent qu'une gloire stérile, et nullement conforme à leurs intérêts ; et enfin que l'administration actuelle est à-peu-près aussi vicieuse que celles, tour-à-tour, tant calomniées, de *Devisme*, *Francœur* et *Bonel*.

On ne parle déjà plus de la *Mort d'Adam*, de *Lesueur*, qui fit tant de bruit, il y a six mois. Les parties détachées qu'on a entendues aux derniers concerts de Longchamp, ne donnent point de cette composition, une idée aussi favorable qu'on l'avait conçue d'abord. Il faut attendre pour la juger. On se flatte qu'elle pourra paraître d'ici à quelques mois.

Les reprises d'opéra anciens font peu d'effet ; celle d'*Armide* n'a eu qu'un très-faible succès. L'opiniâtre *Lainez* a persisté à jouer le rôle de *Renaud*, et on ne saurait y être plus ridicule. Il est vrai que le débutant *Roland* n'y a pas été meilleur.

THÉATRE

MONTANSIER - VARIÉTÉS.

Ce théâtre, le vil réceptacle de toutes les sottises, de toutes les dégoûtantes productions, des *Dorvigny*, des *Aude*, des *Chazet*, des *Duval*, des *Martinville*, des *Mayeur*, est cependant un de ceux qui font les meilleures recettes, et enrichissent leurs administrateurs.

Doit-il cette faveur du public, à la bonté de ses pièces, au talent de ses acteurs, à la commodité ou à l'élégance de la salle ? Non, car rien n'est plus bête, plus insipide, que les rapsodies qu'on y représente ; rien n'égale le *Cabotinisme* des prétendus comédiens qui les jouent, et rien n'est moins frais, moins spacieux, moins commode que la salle du théâtre *Montansier*.

C'est-là où l'on met à toutes sauces, les *Jocrisse*, les *Cadet-Roussel*, les *Cri-*

Cri , les *Fagotin* , les *Guignolet* , etc ; c'est à la représentation seule de ces sublimes ouvrages , qui ne le cèdent point aux chefs-d'œuvres de nos grands maîtres , que la bonne compagnie du perron et des galeries du palais , se pâme de rire , et manifeste sa joie par les éclats les plus bruyans et les plus immodérés.

C'est-là où , à la honte de la capitale , près de 300 femmes publiques , des-honorées , viennent , tous les soirs , étaler leurs charmes et leur impudeur.

C'est encore à ce théâtre où se réu-nissent ces nombreuses bandes de subtils filoux , pour *rendre* , ce qu'ils appellent , *leurs comptes* , et faire entr'eux la répar-tition des objets qu'ils ont volé le jour.

Acteurs.

BRUNET : la coqueluche de toutes les filles du palais des tribuns , jouant avec une *grande supériorité* , les rôles qui n'exigent ni figure , ni voix , ni intel-ligence , ni goût.

TIERCELIN. Digne pendant de *Brunet*, dans un genre encore plus ignoble. Le plus dégoûtant farceur qu'il soit possible d'imaginer.

BOSQUIER - GAVAUDAN : Il promettait, il y a quelques années, de devenir un comédien distingué, mais il n'est plus, maintenant, qu'un insipide et maussade bateleur.

Ces trois premiers sujets sont annoncés, tous les jours, sur l'affiche, comme *Molé*, *Comtat*, etc.

SAINT-LÉGER : il n'a pu descendre à un genre si bas et si vil ; aussi, il vient de recevoir ses lettres de congé. — On ne peut que l'en féliciter.

MAYEUR. Impertinent et présomptueux *cabotin*, qui crut avoir assez de talent et de goût pour diriger, avec succès, le théâtre de la *Gaîté*, et qui n'est même pas supportable au théâtre *Montansier*.

AMIEL : l'un des administrateurs, aussi usé que la salle.

CÉSAR : jeune premier de 48 ans, également administrateur.

CRÉTU : partage aussi le gâteau avec

les deux précédens, et ne vaut pas mieux qu'eux, comme acteur ou chanteur.

FRÉDÉRIC : joue les fats, depuis la mort de *Véniard*, à la satisfaction des *Laïs* et des *Phryné* de ce théâtre.

DUBOIS : chante la basse-taille, à-peu-près comme *Rétrou* au lutrin de la cathédrale.

XAVIER : garçon très-honnête.

GUIBERT, DUVAL, HUGOT, BONIOLI, etc. Tirez le rideau !.....

Actrices.

CAROLINE : petit rossignol des Variétés, dégénérant de jour en jour, en aussi mauvaise compagnie.

MENGOZZI : femme du défunt compositeur de ce nom, possède, à peine, un mince filet de voix, et se croit une cantatrice du premier mérite.

BAROYER : elle assure, mais personne ne la veut croire, qu'elle a joué autrefois, avec succès, les servantes de *Molière*.

GODARD, FERTON, CAUMONT et autres illustres de caboque !.... continuez vos nobles efforts , vous marchez à grands pas vers l'immortalité ; le temple de *Thalie* vous est ouvert ; *Momus* vous tend les bras , et les graces sont vos compagnes fidèles !!!...... *Risum* , *etc.*

Le théâtre *Montansier* emploie quelquefois des chœurs , notamment dans la *Soirée Vénitienne* , amphigouri de *Ségur* jeune. Ils sont , en partie , composés de ces nombreuses prêtresses de *Vénus la populaire* , qui remplissent le foyer de ce spectacle , et donnent chaque jour , au public , l'exemple édifiant des bonnes mœurs , de la décence et de la chasteté.

Courant du Répertoire.

Si les acteurs des Variétés sont , à-peu-près des cabotins , détestables ou tout au moins insignifians , les pièces dont ces malheureux sont obligés de sâlir leur mémoire , n'ont rien à leur envier à cet égard.

En effet , je le demande aux moins difficiles de mes lecteurs , est - il quelque chose de plus plat , de plus fastidieux ,

de

de plus ordurier que les *Guignolet* et les *Jocrisse*, de DORVIGNI ; les *Cadet Roussel* et les *Flutayot*, d'AUDE ; la *Banqueroute*, de MARTINVILLE (qu'il a réalisée envers ses créanciers) ; les *Cri-Cri*, d'ARMAND-GOUFFÉ ; les *Fagotins*, de GEORGES-DUVAL ; le *Coin de Rue*, de MAYEUR ; la *Guérite*, de DORVO (qui a fait *l'Envieux*, auquel personne n'a porté envie) ; les *Aveugles Mendians*, de LÉGER et CHAZET, etc., etc. Et ces pièces composent pourtant le répertoire actuel du théâtre *Montansier* ! . . . .

THÉATRE
DE PICARD,
Rue de Louvois.

Depuis l'incendie de l'*Odéon*, les artistes de ce spectacle, après avoir erré à la Cité, au Marais, à Feydeau, se

I

sont enfin fixés au théâtre de la rue de Louvois , près l'Opéra.

L'ingénieux , le fécond PICARD est le directeur et le soutien de la troupe , qui est de la dernière médiocrité , et qui ne peut prétendre à rivaliser , d'aucune manière , les acteurs du théâtre Français.

Les efforts de *Picard* et le zèle de ses subordonnés , sont , sans doute , très-louables , mais cela ne suffit pas pour obtenir les suffrages du public , il faut , pour les mériter , du talent et des moyens ; et ces deux qualités essentielles et indispensables leur manquent absolument.

Acteurs.

VIGNY : acteur assez original , mais un peu mannequin dans ses rôles , mal placé , sur-tout , dans celui d'*Helvétius* , mais bien dans le *Collatéral.*

DORSAN : on a voulu élever cet acteur au-dessus des meilleurs sujets de la comédie Française , et il a fini par rester fort au-dessous de lui-même.

CLOZEL : jouant assez bien les fats et les caricatures ; tournure que les uns trouvent élégante , et que les autres comparent à celle d'un garçon perruquier.

BERTIN : il jouait , il y a trois ans , au théâtre Favart , où il n'obtenait qu'un faible succès , parce qu'il avait peu ou point de voix ; il fait plaisir maintenant , et si ce jeune acteur travaille , il pourra prétendre à une réputation distinguée.

PICARD : mauvais acteur , qui devrait avoir le bon esprit de ne faire que des comédies. Il y gagnerait , ainsi que le public ; ses ouvrages seraient plus soignés , ses plans mieux conçus , et il finirait , peut-être , par être digne de la grande réputation qu'il s'est acquise.

VALVILLE ; PICARD , jeune ; VALCOUR; ARMAND ; EDOUARD ; TIPHAINE ; BOSSET ; etc. Petits acteurs , petits moyens ; petits talens , mais grandes prétentions.

Actrices.

Madame MOLÉ : vieille coquette , sans aucune espèce de talens , et qui n'a jamais saisi les véritables intentions de ses rôles.

— SARA : pourquoi a-t-elle quitté le *Vaudeville*, où, dans *Honorine*, on la voyait avec tant de plaisir ?

— MOLIÈRE : soubrette, toujours occupée à minauder ; misérable copie de Mlle *Devienne* ; elle n'égalera jamais son modèle.

BEFFROY : fort aimable, mais très-froide actrice, qui ne semblait point appelée à jouer la comédie.

DELILLE : très - jolie personne, en faveur de laquelle le public se montre plus galant que juste.

ADELINE, PÉLISSIER, PERRIN, CLÉMENT, ADÈLE, SUZANNE, etc. seraient tout au plus bonnes, dans une troupe de province, du 4me ordre.

Courant du Répertoire.

Les pièces les plus agréables du répertoire de ce théâtre, sont : le *Collatéral*, l'*Entrée dans le monde*, les *Menechmes*, le *Cousin*, *Médiocre et Rampant*, les

Amis de Collège, les *Trois Maris*, les *Conjectures*, *Duhautcours*, les *Voisins*, et la *Petite Ville*.

(J'observe que ces ouvrages sont tous de *Picard*, qui en aurait fait des comédies, que n'eussent pas désavoués *Molière et Regnard*, s'il eût employé à les relire et à les corriger, le tems qu'il a mis à les écrire.)

Une seule pièce a paru digne de se montrer avec avantage, à côté de celles de l'inépuisable *Picard*, elle est d'un jeune homme nommé *Vial*, et a pour titre : le *Premier Venu*.

Pièces nouvelles.

LES PROVINCIAUX A PARIS : comédie en 4 actes, de *Picard*, tombée à la première représentation, sous le titre de la *Grande Ville*. — Faible ébauche des vices et des ridicules de la Capitale.

L'auteur, d'après les conseils de ses amis, et les invitations pressantes de la célèbre Madame R***, avait lu sa pièce, un mois avant la représentation,

dans un cercle très-nombreux. Il reçut
des éloges universels, on la trouva divine,
admirable ; on ne manqua pas de lui prédire le succès le plus éclatant : et les
personnes qui flattèrent ainsi l'amour-
propre de l'auteur, furent des premiers
à le siffler impitoyablement, lorsque son
ouvrage parut pour la première fois !.....

LE CAFFÉ D'UNE PETITE VILLE : mauvaise farce d'*Aude*, en faveur de la
paix ; le public lui a tenu compte de
l'intention.

L'AUBERGE DE CALAIS : gasconade de
Bonel et consorts, qui a eu deux ou trois
représentations.

UNE HEURE D'ABSENCE, de *Lareaux*,
jeune. L'absence de cet ouvrage, aurait
bien pu se prolonger encore ; le public
n'en aurait fait aucun reproche à l'auteur.

LE MARIAGE DE NINA VERNON : ô
Chazet ! Chazet ! il faut que vous ayiez
bien peu de goût et de jugement, ou
que vous comptiez beaucoup sur notre indulgence !

LES DEUX MÈRES : cette pièce est
d'*Étienne*, faquin de 25 ans, qui se

croit auteur , parce qu'il a fait le *Rêve*,
Rencontre sur Rencontre ; *Quel est le plus
Ridicule* , et autres chefs-d'œuvres de cette
force. — Les *Deux Mères* , au grand étonnement de tout le monde , ont été prônées
dans les journaux , mais le caissier du
théâtre *Louvois* , est bien loin d'en faire
l'éloge. Cela dit tout.

Un Tour de jeune Homme. C'est
encore un de ces misérables tours que
Chazet est accoutumé à jouer au public,
depuis 3 ans. Sa pièce , pourtant , n'a
pas été sifflée ; je le crois. Le moyen
de siffler , quand on baille !.....

Le Pacha de Surenne : Cette comédie de 18 heures , est encore du fameux
Etienne , qui s'est adjoint , pour coopérer
à ce grand œuvre , l'illustre *Nanteuil* , si
connu dans la république des lettres ; elle a
été portée aux nues , à la première représentation ; mais , depuis , le caissier a
persisté à dire qu'elle ne valait pas mieux
que les *Deux Mères* ; et le caissier s'y
connaît........ aux recettes !

Helvétius ou la Vengeance d'un
Sage. Petit opuscule d'*Andrieux* , tribun

et auteur des *Étourdis* , que certains journaux ont trouvé parfait , d'autres destestable ; moi je dis qu'il ne méritait :

Ni cet excès d'honneur, ni cette indignité.

Le plan d'*Helvétius* est mal conçu , mais le style est correct et assez soigné , et la poésie ne manque pas de verve.

Andrieux a fait mieux , mais il pouvait faire plus mal.

THÉATRE.
DE LA GAITÉ.

Désormais , on rira , j'espère ,
Au théâtre de la Gaité.

CETTE promesse fastueuse de chacun des administrateurs de ce spectacle , ne s'est point encore accomplie. Depuis *Madame Angot et sa Suite* , le noir mélodramme et la pantomime se sont , tour-à-tour , emparés du *théâtre de la Gaîté* , aussi improprement nommé que son voisin , le *théâtre sans Prétention*.

Une mauvaise farce comique est cependant parvenue à dérider le front glacé des spectateurs ; elle a pour titre : *le Coutelier Breveté* , et le fond de l'anecdote est réel. Il s'agit d'un citoyen *Presolle* , coutelier , rue de Grenelle-Saint-Germain , à qui une certaine société dramatico-litteraire expédie un *brevet d'invention* , en le nommant son coutelier ordinaire et extraordinaire.

Pour que cette pièce obtint quelque succès , il ne fallait rien moins que la présence de ce sot personnage , qui ne craignit point de se montrer , en spectacle , aux badauds de Paris , pendant trois ou quatre jours de suite.

Sous la direction de l'inepte et orgueilleux *Mayeur* , qui végète maintenant au charnier de *Montansier* , on distinguait , parmi les *mimes* de ce théâtre , *Laffitte* , *Gougibus* , *Dufresne* , *Joigny* et Madame *Flore*. Avec un peu de talent et d'intelligence , de la part d'un bon administrateur, il y avait de quoi attirer la foule, et se rendre redoutable à l'*Ambigu - comique* ; mais l'ignorance et la sotte présomption de ce *Mayeur* ont éloigné, de ce théâtre, le public pour long-tems.

Laffitte et *Gougibus* sont partis pour les Départemens, et *Dufresne* et *Joigny* ont été grossir la troupe de l'*Ambigu-comique*.

Il ne reste plus, maintenant, au théâtre de la *Gaîté*, que cinq ou six noms obscurs, dont le plus fameux est *Saint-Aubin*. Qu'on juge du reste !

Dreuil, arrivé l'an passé, de Bordeaux, continue à diriger l'orchestre, qui n'est pas le plus mauvais des Boulevards, mais qui est trop-peu nombreux et fort incomplet.

Pièces nouvelles.

ORTALBANO, mélodrame en 3 actes, de *Pesay*. Tissu d'événemens incroyables, n'offrant aucune espèce d'intérêt. — Quelques représentations, faute de mieux.

LES DEUX NUITS, comédie, de *Coffin-Rosni* et *Béraud*. Le *nec plus ultrà* de la sottise et de l'ineptie.

Alquif ou la Valeur récompensée. Grâce au machiniste , cette pantomime a obtenu un certain succès.

Le Jugement de Monsalo. Sâle production de *Villiers* et *Bônel* , qui a eu pourtant , trente ou quarante représentations. — Le *Jugement de Salomon* , quelque mauvais qu'il soit , est un chef-d'œuvre , auprès de cette misérable parodie.

Les Fous Hollandais , de *Bignon* et *Claparède*. Promenés , depuis deux ans , de théâtre en théâtre , ils finiront par retourner aux Petites-Maisons.

La Famille Juive. Sifflée au théâtre des *Jeunes Artistes* , sous le titre du *Juif Bienfaisant*. Il est vrai qu'il y manquait les gestes et la musique.

Le Coutelier Breveté , facétie , d'*Hector-Chaussier*. Cet acteur fait cinq fois par lustre , une irruption dans le domaine de *Thalie* , qui a l'inhumanité de le chasser toujours.

Elisa ou le Triomphe des Femmes. L'auteur , *Coffin-Rosni* , n'a pas beaucoup à s'applaudir du *triomphe* que sa pièce a obtenu.

THÉATRE
DE LA CITÉ.

La pantomime et les chevaux de *Franconi*, étaient, il y a deux ans, en possession de ce théâtre. Depuis, quelques chanteurs d'outre - Rhin, en ont été les tenans, pendant quinze jours. Aujourd'hui, certains des plus faibles acteurs de *Molière*, y représentent le drame, la comédie, la tragédie et l'opéra, tous les genres enfin.

Le public de la Cité est loin de leur tenir compte de tant d'efforts et de zèle, aussi, la plupart du tems, la salle est absolument vide, et les meilleures recettes ne surpassent guère la somme de 50 à 60 francs.

Le répertoire roule sur la *Femme Jalouse*, le *Joueur*, l'*Enfant Prodigue*, *Mysantropie et Repentir*, le *Festin de Pierre*, l'*Honnête Criminel*, et autres nouveautés de cette espèce.

Les

Les principaux *artistes* sont un BEAUPRÉ, qui croit égaler *Fleuri* ; un DUSSAULT, bouffi des plus ridicules prétentions ; et une Dame LECOUTRE, coquette surannée, qui persiste à jouer les *jeunes-premieres*, quoiqu'elle n'ait plus ni taille, ni figure, ni voix, ni dents.

THÉATRE
DU MARAIS.

DES comédiens ambulans donnent, tous les Dimanches, une représentation, à ce théâtre, situé rue Culture-Sainte-Catherine, à l'extrémité de Paris.

Pour piquer la curiosité du public, ils se gardent bien de placer leurs noms fameux sur les affiches du jour ; ils insinuent adroitement que telle ou telle pièce sera jouée, par les meilleurs acteurs des différens théâtres de Paris. Quoique ce manége soit répeté deux ou trois fois par mois, il leur réussit presque toujours.

J

Ils possèdent aussi, à merveille, l'art de défigurer ou exagérer le titre d'un ouvrage connu.

Un jour, c'est PAULIN et MICHEL, c'est-à-dire, *les Deux petits Savoyards.* — Une autre fois, ils annoncent fastueusement le *Marchand de Smyrne*, **PIÈCE ASIATIQUE**, du célèbre *Champfort*, ornée de tout son spectacle, etc. etc.

Les scènes les plus plaisantes surviennent quelquefois, au milieu d'une représentation : un acteur principal a disparu tout-à-coup ; le public impatient, jure, crie et tempête, et on vient tristement lui apprendre, que la cause du retard, provient de la fuite d'un camarade mal avisé, qui emporte, avec lui, la recette du soir, et ce qui est plus piquant, les habits de son rôle, ce qui met dans l'impossibilité de faire continuer la pièce.

L'orchestre est digne, en tous points, de seconder cette merveilleuse troupe. Il est composé de six ou huit musiciens d'un régiment de la garnison, qui connaissent à ravir l'art de déchirer les oreilles. C'est un spectacle curieux de voir la manière avec laquelle ces *barbares* mutilent nos meilleures compositions lyriques.

THÉATRE.

DU VAUDEVILLE.

«*Le Français né malin, créa le Vaudeville.*»

Ou le Français n'a plus de malice, ou le zèle des acteurs de ce théâtre s'est considérablement ralenti, car le public paraît l'avoir presque totalement abandonné. A qui la faute ? aux auteurs de pièces nouvelles qui se sont trop écartés du genre exclusivement propre au Vaudeville. Divisés en deux sectes, l'une a donné dans la morale et le sentiment, et l'autre, tombant dans un excès contraire, n'a produit que des compositions sèches, décousues et sans intérêt.

On faisait, depuis long-tems, le re-

proche, au théâtre du Vaudeville, de
vouloir être trop exclusif, en admettant
ce système :

Nul n'aura de l'esprit, hors nous et nos amis ;

cependant il vient d'accueillir un assez grand
nombre d'auteurs qui ne faisaient point
partie des fameux DINERS, ni des coteries
de *Barré*.

Au surplus, quoique la porte paraisse
ouverte à tout ce qui montre quelque
talent, l'intrigue n'en fait pas moins
mouvoir ses ressorts puissans, et il en
coûte autant, au mérite caché pour se
faire connaître, qu'auparavant.

L'antichambre du directeur *Barré* ne
ressemble pas mal à l'antichambre du duc
de *Richelieu* ; peut-être même, trouve-
t-on, dans le directeur, plus de morgue
et de suffisance que dans ce fameux
courtisan.

Les enfileurs de couplets n'ont point
encore renoncé à leur très-louable méthode. Ont-ils un sujet à traiter ? ils
se réunissent six, sept, huit et même

plus, s'accordent sur un plan quelconque ,
ébauchent quelques pâles caractères , tra-
cent une ou deux scènes principales, tirent,
chacun , de leur porte-feuilles , une demi-
douzaine de couplets , qu'ils appellent
DE TRAIT , les encadrent bien ou mal ;
présentent leur pièce à l'administration ,
la lisent au comité , et sont *joués* , huit
jours ensuite , grâce à la présence d'esprit
du soufleur du Vaudeville , qui peut bien
se flatter de dire , à lui seul , la moitié
de chaque pièce nouvelle.

Parmi les acteurs qui composent la troupe , peu sont dignes de se parer de la qualification de comédiens , mais ils ont
acquis une certaine habitude de la scène ,
qui les rend , pour la plupart , suppor-
tables.

Acteurs.

LAPORTE : fils naturel de *Rosières.* Ceux
qui ont vu *Carlin* pourraient peut-être trouver beaucoup à dire sur la manière dont
Laporte joue les *Arlequins* , mais cela tient
sans doute à la faiblesse de sa santé , qui
ne lui permet pas , dans ses LAZZI , de

J 3

montrer autant de prestesse et d'agilité que ce fameux *Bergamasque* de la comédie Italienne.

HENRY : possédant un très-mince filet de voix , et croyant chanter à ravir ; rempli de fatuité , de présomption et d'ignorance. Son genre est précieux , trop rafiné ; son ton , quoiqu'il en dise , n'est pas celui de la bonne compagnie , et il ferait bien de renoncer à paraître supérieur à lui-même , pour se montrer tout bonnement ce qu'il est , c'est-à-dire , acteur , chantant avec assez de goût , le couplet , et jouant très-médiocrement la comédie.

VERTPRÉ : cet acteur saisit assez bien les traits des personnages célèbres , dont le Vaudeville cherche , tous les jours , à completter la galerie.

CARPENTIER : fort au-dessous de sa réputation , jouant les niais avec une finesse affectée , et les Valets adroits et intelligens , avec toutes les apparences de la niaiserie.

CHAPELLE : tient l'emploi des *Cassandres* , avec succès , mais il est loin , cependant , de mettre dans ses rôles , cette rondeur et cette bonhomie , qui dérident le front des spectateurs , et font sourire aux dépens des vieillards qu'on dupe avec tant de facilité.

DUCHAUME et HYPOLITE : mériteraient peut-être un autre succès que celui de l'estime.

LENOBLE : Il connaît mal sa langue ; les barbarismes pleuvent , dans sa bouche.

ARMAND : Amoureux à la glace.

ROSIERES : décrépit.

FRÉDÉRIC , EDOUARD , CHÉNIER , etc. etc. Doublures. Maussades comédiens que le public voit , avec la plus grande défaveur.

Actrices.

Mlle. DESMARES : elle était autrefois à Feydeau ; on se souvient de lui avoir vu jouer , avec succès , le rôle du Page , dans *Aurore de Guzman.* Cette actrice est , sans contredit , la première du Vaudeville. Sa supériorité ne peut pas même lui être contestée par Madame *Henri - Belmont,*

On desirerait seulement l'entendre chanter, avec moins d'art et plus de simplicité.

HENRI-BELMONT. Sa figure est charmante, sa voix est fraiche et jolie, sa taille svelte et distinguée ; avec autant d'avantages naturels, il serait difficile de ne point réussir. Aussi a-t-elle dans le parterre et les loges, beaucoup d'admirateurs passionés. Mais qu'elle se garde de quitter le petit cadre du Vaudeville, car si l'ambition la gagne jamais (1), elle pourra bien être remise à sa place.

DELILLE : cette actrice, après avoir parcouru le Théâtre de Rouen, l'*Opéra-Comique*, à Paris, et les défunts *Troubadours*, s'est enfin réfugiée au *Vaudeville* ; FROSINE, OU LA DERNIERE VENUE,

---

(1) Il n'est rien moins question, parmi les flateurs de Madame *Henri-Belmont*, que de faire débuter cette actrice *aux Français*, dans la *Coquette corrigée*!!!.... C'est modeste.

lui a fait une certaine réputation ; mais les actions de Mlle. *Delille* baissent considérablement ; elle compte près de huit lustres et demi.

BLOSSEVILLE , ARSÈNE , DUCHAUME , DORSAN , BODIN , etc. , jouent les utilités et les accessoires ; mais , à l'exception de la première , elles ont fait jusqu'à présent , très-peu de progrès.

Pièces nouvelles.

Les pièces nouvelles représentées , à ce théâtre , sont en très-grand nombre. Je ne m'arrêterai qu'aux plus modernes , car je doute que le souvenir s'étende jusqu'à la plupart des ouvrages représentés , il y a six mois.

PANNARD , CLERC DE PROCUREUR ; l'auteur , *Audras* , non content d'avoir fait représenter et siffler son ouvrage , l'a fait imprimer et afficher.

SOPHIE , OU LA MALADE QUI SE PORTE BIEN : galimathias en 3 actes , de *Dupaty* , dans lequel se trouve un peu de tout , hors le sens-commun.

LE CONGÉ ; de VIAL et ..... , pièce

larmoyante, sentimentale et très-ennuyeuse, en faveur de la Paix.

LASTHÉNIE, ou une JOURNÉE D'ALCIBIADE. Il est très-plaisant de voir les acteurs du Vaudeville, chausser le cothurne. A la première représentation de cette mauvaise pièce de *Lachabossière* et *Raboteau*, quelqu'un demandait, à mes côtés, si les personnages étaient *Turcs* ou *Chinois*...

LE PEINTRE FRANÇAIS A LONDRES ; bluette des grands faiseurs, *Radet*, *Barré* et *Desfontaines*. Le sujet est national et assez intéressant, et la pièce a obtenu et mérité du succès.

GEORGES TIMES : niaiserie, dans le genre de l'auteur *Séwrin*. Pas un couplet saillant, pas une idée heureuse.

LES HAZARDS DE LA GUERRE : ouvrage agréable, d'un jeune homme nommé *Maurice*, qui s'était déjà fait connaître, à ce théâtre, par plusieurs jolies productions, entr'autres, l'ENTREVUE ET LE RENDEZ-VOUS, pièce remarquable par la pureté du style et la délicatesse des pensées.

11 — 76 — 88. — Misérable comédie anecdotique de *Chazet*, et compagnie. Ces auteurs ont employé *les grâces du jour*, les couplets entortillés, les idées obscures, les mots magiques, et ils ont obtenu un certain succès. Mais qu'ils ne s'y trompent pas ! un ou deux vers mordans ne suffisent pas pour faire de bons couplets, il faut encore que ceux qui les précédent, soient façonnés et polis.

On dirait, et peut-être, dirait-on vrai, que les modernes auteurs du Vaudeville, vont, chaque matin, à la Bibliothèque nationale, feuilleter les poésies fugitives des *Chaulieu*, des *Lafare*, des *Piron*, des *Vergier*, pour en extraire les vers les plus saillans, qu'ils placent, en ordre, sur un cahier, et qu'ils arrangent, en couplets, lorsqu'ils mettent au jour un vaudeville nouveau. Ils terminent, ainsi, par le commencement ; le vers final est celui qui amène les sept précédens, *Richelet* fournit les rimes ; il est vrai que ces vers n'ont entr'eux aucune espèce de liaisons, mais, qu'importe, ils n'en forment pas moins un couplet charmant, admirable ! ! !....

Le Méléagre Champenois : médiocre production de *Joseph Pain*.

Les Rivaux sans le savoir. Le Public a fait justice de cette misérable rapsodie, une des plus sottes piéces qui aient jamais été représentées sur aucun théâtre.

THÉATRE
DES DÉLASSEMENS.

De jeunes Éléves, sous la direction de *Belfort*, composent la troupe de ce petit théâtre, qui occupait précédemment la salle de la rue de Thionville. La foule s'y porte, presque tous les jours, pour y voir représenter *Soliman II*, *Clémence et Valdémar*, et la *Fée Urgéle*.

La jeune Virginie joue avec infiniment d'intelligence et de goût, le rôle de *Roxelane*, et Grévin n'est point mal dans celui de *Soliman*. *Clémence* et la *Fée Urgéle*, ne sauraient guère être mieux rendues

rendues que par Mlle. *Clément* qui donne
de véritables espérances, aux amateurs
de l'art dramatique.

Outre ces trois grands ouvrages, on
représente une infinité de petites piéces,
qui ne sont pas toutes dépourvues d'a-
grément, telles que *Cassandre Comédien*,
les Jumeaux, *la Nuit champêtre*, *Césarine
et Victor*, *le petit Figaro*, *l'Auteur dans
son ménage*, etc. etc.

Néanmoins je pense que ces intéressans
éléves, bien dignes de faire honte, à
certains de nos prétendus grands artistes,
étaient mieux placés, rue de Thionville.
Le Public qui, depuis quatre ans, est
accoutumé à fréquenter le Théâtre des
Délassemens, est véritablement un *Public
canaille*.

THÉATRE
DE MAREUX.

C E sont encore de jeunes Éléves, dont
la plupart ont figuré avec les précédens.

Pelletier-Volmeranges est leur instituteur. On remarque parmi la troupe, TOURIN, ROUSSEL, MOUTANO; Mlles. MITONEAU et RIVET.

Les pièces les plus saillantes du répertoire, sont: *le Bouquet de Famille*, *Estelle ou la Coupable innocente*, de BEAUDOUIN; *le Comte de Valtron*, drame; *la Servante-Maîtresse*, ancien opéra de PERGOLÈZE, et *Arlequin jardinier*.

Ces pièces ne sont pas toutes également bonnes, mais on en représente de beaucoup plus mauvaises à l'*Ambigu-comique*, à *Montansier* . . . . . j'ai failli ajouter, et au Théâtre *Feydeau*. . . . .

THÉATRE

DE LA SOCIÉTÉ OLYMPIQUE.

LA plus élégante salle de Paris, située dans le quartier, presque exclusivement destiné, depuis la révolution, aux riches et aux gens d'affaires, est maintenant abandonnée.

On y a donné, cet hyver, une douzaine
de concerts, exécutés par des Elèves du
Conservatoire, qui ont obtenu beaucoup
de succès. *Perrault*, flûte; *Gasse*, violon;
Lafont, chanteur; Mlle *Berthaut*, cantatrice; s'y sont fait remarquer.

THÉATRE

DES VICTOIRES NATIONALES.

DEPUIS que la paix est faite, et que les
victoires nous sont, par conséquent de-
venues inutiles, ce théâtre est fermé.

THÉATRE

DES JEUNES ÉLÈVES.

LES Jeunes Élèves ont déserté cette salle,
pour passer au théâtre des *Délassemens*;

ils ne tarderont peut-être pas à se repentir de cette imprudente émigration.

THÉATRE

PITTORESQUE ET MÉCANIQUE.

CE théâtre, situé près le Pavillon d'Hanovre, est aussi intéressant que peu connu. Ce ne sont point de grands enfans qui jouent la comédie, c'est le spectacle de la peinture animée par la mécanique ; le tout réuni avec infiniment d'art et de goût. On regrette seulement que le prix des places soit un peu cher, d'autant plus qu'il faut être aux premières, pour bien voir, et elles coûtent 5 francs.

THÉATRE

D'ÉQUITATION.

FRANCONI a quitté le manège d'*Ashley*, Boulevard du Temple, pour venir s'installer, jardin des Capucines. Ce changement lui a été beaucoup profitable, ses recettes se sont au moins doublées, et la curiosité du public, de la Chaussée d'Antin, n'est certainement pas encore épuisée.

Le jeune *Romain*, qui a débuté, le mois dernier, n'est point un écuyer de la première force, mais il a infiniment de souplesse et d'agilité. C'est le DESHAIES de la troupe, comme l'*Américain* en est le VESTRIS.

Le danseur de cordes *Saxon*, est tout-à-fait déplacé dans ce manege.

THÉATRE

DE FANTASMAGORIE.

En dépit des *Clitorius*, présens, passés et futurs, *Robertson* continue ses ombres, avec beaucoup de succès, et si cet artiste est un *charlatan*, c'est, au moins, un charlatan de bonne foi, car le voile du prestige dont il couvre ses operations magiques, est bien léger.

K 3

JARDINS

ET AMUSEMENS PUBLICS.

LE superbe jardin de TIVOLI est le seul, maintenant, où l'on donne des fêtes publiques. Ceux de l'ÉLYSÉE, *ou Hameau de Chantilli*, et de MOUSSEAUX, sont ouverts, tous les jours, l'un *gratis*, l'autre, moyennant une rétribution de 24 sols, mais il s'en faut de beaucoup, qu'ils soient courus par la foule, comme les années précédentes.

FRASCATI est toujours le centre des modes, des grâces et des plaisirs.

Le PAVILLON D'HANOVRE, malgré tous ses efforts, ne peut parvenir à ramener, un public volage, qui l'a abandonné sans trop savoir pourquoi.

Les bals champêtres de PAPHOS, de l'HERMITAGE, du COLYSÉE, etc, continuent à être fréquentés ; les Dimanches, par la classe honnête et laborieuse , et tous les autres jours , par les oisifs et les filles publiques.

Le PANORAMA *de Londres* , attire maintenant la foule , Boulevard Montmartre , mais les connaisseurs assurent qu'il est bien inférieur à ceux de *Paris* et de *Toulon* , et sur - tout à celui de *Lyon* , exposé l'année dernière.

CONCLUSION.

CETTE notice abrégée , suffira pour faire connaître la composition actuelle de tous les spectacles de Paris. L'étranger , plus que tout autre , en trouvera le nombre prodigieux ; en effet, la Capitale de la France renferme , elle seule , plus de théâtres publics qu'il ne s'en trouve dans les premières Villes de l'Europe , réunies,

Londres a cinq théâtres publics.

Vienne, trois.　Madrid, deux.

Berlin, deux.　Naples, trois.

Petersbourg, trois.　Amsterdam, deux.

Ainsi, sept grandes Villes dont la population totale est, au moins, de deux millions d'habitans, c'est-à-dire, quatre fois plus forte que celle de Paris, ne comptent que vingt spectacles, ouverts au public..... O *Jean-Jacques !* s'il est vrai que les théâtres corrompent les mœurs, entraînent au vice, donnent le goût de la frivolité ; nous devons être bien corrompus, bien vicieux, et sur-tout bien frivoles !!!.....

JOURNAUX

DE PARIS.

DES mille et un Journaux que la révolution fit éclore, il n'en reste plus à Paris que VINGT , et encore ce nombre est-il peut-être trop considérable , puisqu'à Londres , où le goût des feuilles périodiques est beaucoup plus général qu'à Paris , on n'en compte que CINQ.

Dans ces deux premières Villes du Monde , il est remarquable que la même proportion existe , entre les journaux et les spectacles publics. A Paris , vingt théâtres et vingt journaux ; à Londres , cinq journaux et cinq théâtres.

***

LE MONITEUR : Journal officiel du Gouvernement. Comme je me suis abstenu de toute matière politique , je dirai seulement que la partie littéraire de ce journal est très-soignée , et qu'on y remarque souvent des articles , *spectacles* , signés S*** , très-bien faits.

JOURNAL DES DÉBATS : ce Journal a , depuis deux ans , une vogue extraordinaire. Le terrible et fameux *Feuilleton* , rédigé par M. *Géofroy* , lui a acquis une grande réputation. Sans me déclarer pour ou contre les opinions et jugemens de ce critique, il me parait néanmoins que si messieurs nos poëtes et auteurs modernes, auxquels le professeur GÉOFROY s'est rendu si redoutable,

> *Méritaient moins la satyre,*
> *Ils ne la craindraient pas tant.*

Au surplus, le malin public semble avoir pris à tâche de saisir toutes les occasions de vexer ce pauvre *Géofroy*. Il sait que ce vers des *Précepteurs :*

Car il est sensuel comme un homme d'église,

lui déplait infiniment, et il l'applaudit avec des transports de méchanceté inexprimables.

Dans le MARIAGE DE FIGARO, *Dugazon* s'exprime ainsi ; *il s'est établi une multitude prodigieuse de journaux, l'un deux fait fortune en dénigrant les plus grands poëtes et les plus grands talens.* L'application ne pourrait être équivoque, aussi des milliers d'applaudissemens partent-ils de tous les coins de la salle,

Quoiqu'il en soit, on assure que le professeur se rit de toutes ces petites contrariétés, qui lui rapportent beaucoup d'argent, et je crois qu'il fait bien.

LE PUBLICISTE : cette feuille est susceptible de balancer la réputation du *Journal des Débats*. Les analyses de pièces nouvelles, contenues dans un Feuilleton, dont les matières sont ingénieusement variées, offrent un style piquant, clair et concis, mais qui n'est pas aussi fort de critique et de raisonnement, que celui de *Géofroy*. Il regne, il est vrai, plus d'impartialité, mais, on fera toujours un reproche fondé aux auteurs du *Publiciste*, celui de louer immodérément tout ce qui a le bonheur de leur plaire. Chacun sait qu'une louange, sans réserve, approche beaucoup de la flatterie.

LE JOURNAL DE PARIS : le Conseiller d'État, *Roëderer*, en est, dit-on, propriétaire et rédacteur en chef. Dans ce cas, il faut croire que ses nombreuses et importantes occupations ne lui permettent pas de donner tous ses soins à cette feuille, car il n'en existe guère à Paris, de plus insipide et de plus fastidieuse.

La partie littéraire et dramatique , est traitée par un certain *Fabien-Pillet* , grand faiseur de quatrains épigrammatiques, et auteur de la *Lorgnette des spectacles* , platte satyre des théâtres de Paris , qui parut il y a trois ans. *Pillet* croit être plaisant dans ses analyses de pièces nouvelles , et il n'est que souverainement ridicule , et sottement ennuyeux.

Villeterque contribue aussi à la rédation du *Journal de Paris.*

LE JOURNAL DES DÉFENSEURS DE LA PATRIE : ci-devant rédigé par le secrétaire d'état , *Lagarde.* Les articles de littérature et de spectacles, signés , pour la plupart X..... sont quelquefois piquans mais le plus souvent prolixes , diffus , et sans intérêt.

LA GAZETTE DE FRANCE : on assure que *Fiévée* , auteur de *Frédéric* , la *Dot de Suzette*, et autres ouvrages aussi insignifians, coopère à la rédaction de cette feuille ; tant pis pour les abonnés. Les articles VARIÉTÉS de la *Gazette de France* , (car ce journal n'a pas de feuilleton) sont , pour la plupart, impudemment

Impudemment et LITTÉRALEMENT copiés
de quelques auteurs anciens peu connus,
qui brillaient sur la fin du quinzième siècle.
et les auteurs de la *Gazette de France*, appellent cela, DONNER DU NEUF, chaque matin.

LE CITOYEN FRANÇAIS : Est cons-
tamment en opposition avec la *Gazette de
France* et le *Journal des débats*, et quelquefois
avec tous ses confrères, indistinctement ;
néanmoins la rédaction en est très-soignée,
et c'est un des journaux les plus intéressans
de la Capitale.

LA CLEF DU CABINET DES SOUVE-
RAINS. Certes, en lisant ce misérable
journal, on s'apperçoit facilement, que
ceux qui le rédigent, sont d'éffrontés men-
teurs, quand ils nous disent avoir le secret
des souverains de l'Europe. Il se peut, cependant, que quelques-uns de ces souverains leur aient confié la clef de leur cabinet,
réceptacle de toutes les sottises et inepties,
dont les auteurs de cette feuille, nous
accablent, tous les jours.

JOURNAL DU COMMERCE : très-estimable journal. J'ignore le nom de ses ré-
dacteurs, mais quels qu'ils soient, ils ne

peuvent qu'avoir, beaucoup de talens, de goût et de sagesse.

JOURNAL DU SOIR: Le plus insignifiant de tous ; son auteur nous régale des nouvelles politiques, deux et même trois jours, après chacun de ses confreres. Aussi pour indemniser ses abonnés, de tant vieilleries et de fades rebus, il donne de tems en tems, quelques articles scientifiques, très-curieux ; il assurait gravement, le mois dernier, que le terrein de la Hongrie était si fertile, que dans plusieurs endroits, *le* GRAIN DE SEIGLE *produisait du* GRAIN DE FROMENT !!! ...

LE COURIER DES SPECTACLES : Ce Journal ne peut plaire à ses abonnés, que pour l'exactitude de l'annonce des spectacles du jour. Quant à la rédaction, elle est ce que peut et doit être, tout ce qui sortira de la plume de l'ignare et présomptueux Le Pan.

Dernièrement, Madame *Vankove*, actrice des Français, se trouvant à l'orchestre du théâtre Feydeau, entendit quelqu'un faire un grand éloge de l'impartialité et des talens de ce Le Pan.

LE PAN, dit-elle, *ne vaut pas un* DINDON.

Il s'est fait de plus mauvais calembourg que celui là.

L'OBSERVATEUR DES SPECTACLES. nouveau journal, fastueusement annoncé, depuis six mois, comme devant être rédigé, par *Legouvé*, *Arnaud*, *Vigée*, *Fayolle*, etc. Un inconnu, nommé *Salgues*, qui possède, à peine, les premiers élémens de la langue française, a sans doute reçu la procuration de ces illustres personnages, car c'est lui, maintenant, qui compose et signe presque tous les articles.

JOURNAL DES ARTS : Cette feuille qui ne paraît qu'une fois par semaine, est très-recommandable, sous tous les rapports. M^r. *Dussaulchoy*, de Nancy, est chargé de sa rédaction, et il s'en acquitte d'une manière très-honorable pour lui, et très-avantageuse pour ses abonnés.

LA DÉCADE : Journal très-honnête, rédigé par *Boisjolin* et *Say* ; dégénerant, de jour en jour, et approchant, de plus en plus, de la tombe qui doit l'engloutir incessament.

L 2

Un quidam a dit que la *Décade philoso-phique* périrait avec la *Décade politique*. L'ac-complissement de sa prédiction n'est sans doute pas éloigné.

LE MERCURE DE FRANCE : Des énig-mes et des charades, des bouts-rimés et des logogryphes, voilà ce qu'on trouve de plus saillant dans cette feuille, rédigée par plusieurs écrivains distingués, tels que *Châteaubriand*, *Fontanes*, etc. Il faut croire que ces Messieurs ne mettent dans le *Mer-cure*, que la surabondance ou le rebut des sublimes productions de leur génie, car rien n'est plat comme la plupart des articles qu'ils fournissent à ce journal.

LES PETITES-AFFICHES, de *Ducray-Duminil*. — Voyez *Brunot*.

LES PETITES-AFFICHES, de *Brunot*. — Voyez *Ducray-Duminil*.

LE BULLETIN DE PARIS. Nouveau Journal, qui ne réalise, qu'en partie, les espérances qu'il avait données. On y re-marque, cependant, quelques articles très-bien faits, sur la littérature et le théâtre.

LE JOURNAL D'INDICATIONS. Feuille estimable, rédigée par *F. Babié*; avec beaucoup de goût et assez d'impartialité.

LE MAGASIN ENCYCLOPÉDIQUE. *Ce Magasin* ne se montre que tous les mois, et on se plaint encore qu'il paraît trop souvent.

LA BIBLIOTHÈQUE FRANÇAISE : par *Charles Pougens*, Membre de l'Institut. Cet auteur est aveugle, et on s'en apperçoit aisément à la composition de sa *Bibliothèque*, où l'on cherche presque toujours vainement ce qu'on desirerait y trouver.

AUTEURS
ET COMPOSITEURS.

N. B. *Les noms suivis d'une* * , sont ceux des Auteurs ou Compositeurs de musique, absolument NULS , quelles que soient leurs prétentions.

ANDRIEUX : les affaires publiques absorbent, depuis dix ans, tous les loisirs de cet écrivain. Sa muse vient de se réveiller, à *Helvetius* ; elle semble nous promettre une suite aimable aux *Etourdis*.

ANNÉE , travaille avec *Gersaint* *.

ARMAND-GOUFFÉ : Chansonnier distingué , mais il n'a point encore fait une bonne comédie.

ARNAUD , auteur de *Marius* et des *Vénitiens*. (Voyez *Théâtre-Français*).

ARNAUT. A publié *les Épreuves du sentiment* , et un fatras énorme de volumes , qui ne sont guère connus que des habitués du Café de la Régence.

AUDE : Il y a vingt ans , cet auteur produisait quelques ouvrages , avoués par le goût , mais depuis qu'il s'est abandonné à la farce et à l'ivroguerie , il a quitté le temple de *Thalie*, pour le cloaque de *Montansier*.

ALBERT * , ALEXANDRE * , AUDRAS * , ARMAND * ; le dernier est auteur du QUATERNE , à l'*Ambigu*. Quel prodigieux effort d'imagination !

BARRÉ : Auteur d'un grand nombre de vaudevilles , la plupart charmans ; mais il ne les a point composé seul , *Radet* , *Piis* et *Desfontaines* , sont ses *teinturiers* ordinaires et extraordinaires.

BAOUX-LORMIAN. Sa muse étique a traduit *Ossian*, qui se serait fort bien passé de cet honneur.

Baour vient aussi de chanter la *Religion*. Ses vers, a dit un Journaliste,

» *Sacrés* ils sont, car personne n'y touche.»

BEFFROY; Il est si connu sous le nom du *Cousin-Jacques*, que je puis me dispenser d'achever cet article.

BERNARD-VALVILLE. Cet homme de lettres, qui, à 40 ans*, s'est avisé d'écrire, pour la première fois, devrait apprendre l'orthographe, car son style fourmille de fautes de français.

BLASIUS; Compositeur de musique, et excellent directeur d'orchestre; maintenant attaché à la Chapelle du Premier Consul, qui ne pouvait faire un meilleur choix.

BOUILLI : *L'Abbé de l'Épée*, *les deux Journées*, *une Folie*. Le reste*, sans en excepter *Pierre-le-Grand* et *Léonore*.

BONEL. Auteur de 20 ouvrages, tous plus insignifians les uns que les autres*.

BOUFFLERS*; aimable chantre d'*Aline*; le séjour du *Nord* n'a pas réchauffé son génie.

Boyeldieu. Il a fair la musique de *Zo-raïme*, du *Calife de Bagdad*, et quelques jolies romances. Le reste de ses compositions ne vaut guére la peine d'être cité.

Bruni. *Toberne* et le *Major Palmer* font partie des œuvres de ce compositeur, qui dirige maintenant l'orchestre de l'*Opéra-Buffa*, avec un talent distingué.

Belfort *, Bizet *, Blanc *, Brunot (malgré *Coëlina* et les Petites-Affiches, *connues depuis plus d'un Siècle*) *; Boullant, illustre auteur d'*A-bas la Calotte* *, mille fois * !......

Cadet. Auteur et Apothicaire. Il travaille à mettre en vers, la *Pharmacopée*.

Carion-Nisas : *Montmorenci* et quelques harangues au Tribunat, sont ses seuls titres à la gloire ! ...

Chazet. Brouillon littéraire, faiseur de vers, à la toise, qui a cru hériter du génie des *Lesage* et des *Panard*. Presque tous nos théâtres sont sâlis de ses ennuyeuses productions.

Chateaubriant. L'Auteur le plus *fleuri* du dix - huitième siècle. On ne le comprend pas toujours , mais qu'importe , il n'en est que plus sublime.

CHARLEMAGNE. Sans *les Voyageurs* , je l'aurais marqué d'une *. je m'en suis rappelé à tems.

CHÉRUBINI. Si toutes ses compositions ressemblaient à *Lodoïska* , il serait le premier de nos auteurs lyriques.

CHÉNIER. Auteur tragique et satyrique très-distingué , attaqué par l'envie et vengé par le goût.

COLIN-HARLEVILLE. Son nom fait son éloge.

CUVÉLIER. Son génie est éteint ; il semble avoir épuisé toutes les ressources de sa fertile invention ; ses pantomimes nouvelles sont à glace , et *Guilbert-Pixe-ricourt* l'a supplanté.

CAMPENON *, CAMAILLE *, CAIGNIEZ *, CHATEAUNEUF et CHATEAUVIEUX * * , CHARTIER *, CHAUSSIER *, COFIN-ROSNI *, CORIOLIS *, COUPART *, CORSANGE *, COUPIGNY *, CREUZE *.

DALEYRAC. Compositeur de musique, très - fécond ; ses anciens ouvrages sont aussi ses meilleurs : *Maison à Vendre*, *l'Antichambre*, ne les valent pas à beaucoup près.

DELRIEU. Cet auteur qui met , à toutes sauces , les maris sur la scène , et les *berne* continuellement , vient , assure-t-on, d'être enfin *berné* lui - même. *Par pari refertur.*

DESFAUCHERETS. Depuis le *Mariage Secret* , cet auteur n'a absolument rien produit.

DELILLE. Le plus fameux de nos poëtes et le plus ingrat des Français,

DEVIENNE. Il a composé la musique des *Visitandines* , d'après *Mozart* ; celle des *Comédiens Ambulans* , d'après *Cimarosa* , et celle des *Valets à deux Maîtres* , d'après *Paësiello* et *Piccini*.

DESCHAMPS , DESFONTAINES et DESPRÈS. Trois enfileurs de couplets , qui réussisent à nous ennuyer quelquefois.

DUMANIANT. Il exploite avec assez de succès le Théâtre Espagnol , mais il ne faut pas qu'il se hasarde à voler de ses propres ailes.

DUCIS. Il a de grandes obligations à *Shakespéare*.

DUCRAI-DUMINIL. Il écrit des romans très-ennuyeux à lire, et disserte encore plus ennuyeusement dans le feuilleton des *Petites-Affiches.*

A. DUVAL. Auteur comique qui se traîne vainement sur les traces de *Picard.*

C. DUVAL. Il fait ses pièces au cabaret ; aussi, voyez *Cri-Cri*, *Fagotin*, etc. *.

DABAYTUA *, DAVRIGNY *, DAVID *, DEMAUTORT *, DESRIAUX (malgré l'arrangement de *Sémiramis*) *, DESROIS (sans égard pour le *Dernier des Romains*, et ses *Epîtres aux Comédiens français*) * ; DEZPAZE *, DÉSAUGIERS *, DORVO *, DOBILLY *, DORVIGNY (quoiqu'il en soit à son 5ome ouvrage) *, DUPATY *, DUPONT *, et la *citoyenne* DUFRESNOY *.

DIEULAFOI, tient sa place entre les premiers et ceux-ci.

EMMERI *.

ESMÉNARD. Après avoir dérobé le porte-feuille, de l'abbé *Delille*, il vint à Paris, mais maintenant ce porte-feuille est épuisé, et *Esménard* ne produit plus rien.

ETIENNE. (Voyez théâtre *Louvois*).

FAVIÈRES. *Paul et Virginie* et *Lisbeth*, lui ont fait une certaine réputation, mais il ne la soutient pas.

FÉLIX - NOGARET. On connaît de lui quelques jolis contes et l'*Aristénett Français*.

FIÉVÉE (Voyez *Gazette de France*, article *Journaux*).

FONTANES, Écrivain éloquent, profond, et d'un mérite distingué. Quel dommage qu'il travaille au *Mercure* ! C'est bien mal employer son tems.

FAUR *, FAMIN *, FABIEN-PILLET (malgré ses *Quatrains*) *, FAYOLLE (nonobstant ses longs *Distiques*) *, FERRIÈRES, FRANCIS *.

FAY, FOIGNET et FONTENELLE, compositeurs de musique ***. La lettre F. n'est pas heureuse.

GUILLARD ; auteur d'*Œdipe* ; talent respectable, mais qui vieillit un peu.

GÉOFROY. (Voyez *Journal des Débats*).

GERSAINT, travaille avec *Année* *.

GOSSEC , professeur au Conservatoire
de

de musique. L'*O salutaris* est sans contredit son chef-d'œuvre.

GRÉTRY. Le *Nestor* et le plus aimable de nos musiciens. Quoi de plus jolis que les opéra de *Zémire*, du *Silvain*, des *Evènemens Imprévus*, de l'*Épreuve Villageoise*, de l'*Amant Jaloux*, etc, etc. ?....

GRIMOD-DE-LA-REYNIÈRE. Le plus plat auteur, et le plus ennuyeux critique qu'il soit possible d'imaginer.

GUY. Cet auteur, d'une nullité parfaite, est cependant parvenu à faire représenter *Anacréon*, à l'Opéra ; *Michel Montaigne*, aux Français, et *Sophie Moncars*, au théâtre Feydeau *.

GAMAS *, GASTON *, GUILBERT-PIXÉRICOURT *, GOSSE *, GOTREAUX * ; GOULARD et GRENIER **.

HAPDÉ. Le zèle de cet auteur s'est ralenti, depuis deux ans. Il comptait à peine trois lustres et demi, qu'il avait déjà composé 60 et tant d'ouvrages *.

HOFFMANN. Poëte sans verve et sans génie. Ses meilleurs ouvrages sont *Stratonice* et le *Secret*.... Il a pillé l'un dans le théâtre Grec , et l'autre dans le théâtre Italien.

HENRION*, HENNEQUIN*, HIPPOLITTE*, HUBERT *.

JOUY , auteur de *Comment Faire* *; JACQUELIN , de l'*Antiquomanie* * , et JOIGNY , de la *Vendange* *.

KALKBRENNER. Quoiqu'il ait fait à l'Opéra , la musique d'*Olympie* , jusqu'à présent *.

KREÜTZER. La musique du premier acte de *Paul et Virginie* , l'ouverture de *Lodoïska* , et quelques morceaux d'*Astyanax* , font le plus grand honneur à ce compositeur.

LAHARPE. D'abord partisan exalté de la philosophie , puis dévot , fanatique et superstitieux. Ce changement de principes est sans doute dû à son âge très-avancé..... *Laharpe* , néanmoins , doit être compté au nombre de nos littérateurs les plus distingués.

LACHABEAUSSIÈRE : auteur d'*Azémia* et du *Corsaire*. On le voit dans tous les lycées, dans toutes les cotteries , et sur-tout dans l'antichambre des gens en place auxquels il fait une cour assidue.

LACCHNITH : compositeur étranger. (Voyez *Opéra*).

LACRETELLE : écrivain estimable et estimé.

LAMARTELIÈRE. Sans la traduction de *Robert*, son nom n'aurait été imprimé nulle part.

LAYA. Sa muse tudesque charme, maintenant, les oreilles saxones.

LEBRUN, dit *Pindare*.... C'est modeste !

LEBRUN-TOSSA. Écrivain recommandable et trop peu connu.

LEBERTON. La musique de *Montano*, *Ponce de Léon*, le *Concert*, etc, atteste qu'il n'est pas dépourvu de talens.

LEBRUN, compositeur : c'est un *jeune Homme* qui commence.

LEGOUVÉ : un de nos meilleurs auteurs tragiques, mais fade, doucereux, et qui semble avoir pris pour modéles, *Quinault* ou *Benserade*.

LEMERCIER : cet auteur disgracié de la nature, semble avoir déposé un jour son infirmité, pour produire *Agammennon*.... Un pareil miracle n'arrive pas deux fois.

LEMONTEY, avocat de Lyon, auteur de *Palma*, *Romagnési*, etc. Littérateur estimable, ingénieux, spirituel, mais froid, méthodique et compassé.

LESUEUR : jusqu'à présent on peut dire que ce compositeur de musique a fait beaucoup de bruit pour peu de chose.

LUCE DE LANCIVAL. Il veut, à tout prix, sortir de la profonde obscurité où il restera plongé.

LAFORTELLE *, LABORDE *, LAMI *, LEBLANC, compositeur de musique *, LÉGER (sans égard pour vingt et tant de vaudevilles qu'il a produits)*, FÉVRIER DE CHAMPRION*, LEMUET*, LETOURMEL*, LEMIÈRE, musicien *, LEROY*, LOAISEL-TRÉOGATE *, LOMBARD DE RICHEBOURG *, LONGPERRIER *, LUGET *, LUHAN *.

MARTINI, compositeur distingué, excellent professeur au Conservatoire, malheureusement en décrépitude.

MARSOLLIER : sur dix pièces de cet auteur très-fécond, une, à-peu-près, est reconnue bonne.... C'est un peu plus que rien.

MASSON. Ses vers sont durs, rocailleux prosaïques ; ses *Helvétiens* sont neanmoins un ouvrage vraiment distingué.

MAURICE (Voyez théâtre du *Vaudeville*).

MELLINET : bel esprit, rempli de fatuité et d'ignorance, et qui se croit homme de lettres, parcequ'il a fait la suite d'*Arlequin au Village*, avec le romanesque *Leroy*.

MERCIER (*l'anti-Newtonien*) : Ecrivain original, quelquefois bizarre, et le plus souvent burlesque, diffus et incompréhensible.

MÉHUL : l'*Irato* et *Stratonice*, lui assignent une place honorable parmi nos meilleurs compositeurs de musique.

MONVEL : Ce n'est plus l'ingénieux auteur de *Blaise et Babet*, et de tant d'autres ouvrages charmans, mais bien celui de l'ennuyeuse *Matilde* et du ridicule général *Suédois*, tombés, de nos jours, l'un aux *Français*, l'autre au théâtre *Favart*.

MONTANCLOS : femme de lettres, qui, à l'âge de 70 ans, ne rève encore qu'amant, baiser, tendresse, verdure, etc. etc.

MOLINE : Il *parodie* sans cesse ; que ne réussit-il à se *parodier* lui-même ?

MONSIGNI : Excellent compositeur de musique, de la vieille école, qui, peut-être, valait bien la nouvelle.

MOLÉ, femme de lettres (Voyez théâtre de *Picard*).

MARSIL * , MATHELIN * ; MASOYER (quoiqu'il ait fait une tragédie *sifflée*) ; MARTIN * , MAILLOT (n'en déplaise à l'auteur des dames *Angot*) * , MALINGRE (nonobstant ses vers latins, renouvellés d'*Ovide*) * , MEYRE * , MILCENT * , MI-MAUT DE MÉRU * , MIGNAN * , MONET * , MORAS * , MOREL * , MUTEL *.

NANTEUIL (ex-journaliste)* , NOIROT * , NOUGARET * , NUGUES * ,

ODOUCET (d'), Auteur d'un livre très-curieux, ayant pour titre : *Science des Signes, ou Médecine de l'esprit* (1). Cet ouvrage singulier est digne de fixer l'attention des hommes instruits, il donne de son auteur, une opinion très-avantageuse.

---

(1) Se trouve chez l'auteur, rue St.-Benoit, Nº. 21, avec les 78 tableaux hiérogliphyques du livre de *Thot*.

OWEN , auteur et peintre *.

PAIN (Joseph) , très-pauvre d'esprit et d'imagination.

PARNY ; LA GUERRE DES DIEUX , le fera passer à l'équitable postérité. Après la *Pucelle* et le *Lutrin*, c'est le meilleur poème que nous possédions.

PETITOT : Sa tragédie de *Laurent de Médicis* avait donné quelques espérances, mais elles ne se réalisent point encore.

PHILIPON-LA-MADELEINE. Autant de paresse que d'esprit.

PICARD (Voyez son théâtre).

PIGAULT-LEBRUN , singe de *Marivaux*, disciple de *Patouillet*, et auteur, à la toise , du libraire *Barba*.

PIIS : Auteur très-agréable de nombre de vaudevilles charmans. Pourquoi le théâtre de la rue de Chartres , ne *monte-t-il* pas le *Rémouleur et la Meunière*, des défunts *Troubadours* ?

PIPELET : autre femme de lettres , qui n'a point héritée du génie de *Sapho*, de l'esprit de *Ninon*, ni des vertus de *Lucrèce*.

PLANTADE. Il a fait la musique de *Palma*, et plusieurs très-jolies romances.

PRÉVOST-D'IRAY. Auteur de *Manlius-Torquatus* qui n'a vu qu'une fois le jour.

PUJOULX. Mauvais écrivain, et insignifiant poete. Son Tableau de Paris est loin de valoir celui de *Mercier*.

PERRAULT *, PERSUIS, compositeur *, PERRIN*, PÉLISSIER *, PINIÈRE *; PICCINI, compositeur *, PIAUT *, PHILIDOR *, PORTA, compositeur *, PUJET *, PULLI-LAVAUR *.

RABOTEAU ; RADET. (Voyez théatre du vaudeville),

RIGAUD ; Écrivain à la glace.

ROGER ; Plagiaire déhonté.

ROUGET DE-LILLE : Le fameux chant, *la Marseillaise*, et un opéra tombé, sont ses seuls titres à la gloire !

ROSNY *, ROUER *, RUMPEY *.

SAINT-JUST. Quand on a 40 mille livres de rentes, pourquoi vouloir rimer malgré *Minerve* ?

SAINT-CYR : Plus bizarre qu'original ; l'imagination en délire.

SÉGUR, aîné, cadet, fils, gendre et neveu. — C'est une nombreuse famille

(159)

d'auteurs que la révolution a rendu histo-
riens, ou poètes.

SEWRIN : Auteur famélique.

SOLIER, compositeur : (Voyez Opéra-
comique).

SOURIGUÈRE : Un chant fameux et *Cécile*,
lui ont fait une certaine réputation, mais
il n'aura pas le talent de la soutenir.

SAINT-BRICE *, SAINT-FIRMIN *, SAINT-
HILAIRE *, SAINT-AIGNAN *, SALVERTE *,
SAUVIGNY *, SAGNIER *, SÉGUIN * SER-
VIÈRE *, SIMON *, SIMONET *, SUIN *.

TARCHI, compositeur, (voyez Opéra-
comique.)

THURING, auteur-général, qui, sans
doute, connaît mieux l'épée que la plume.

TOULONGEON : Il bâille à l'Institut.

THÉSIGNY *, TERNAY *, TERRASSON *,
TOURNAY *, TURREAU *, TUBREL *.

VIAL : (voyez théatre Louvois).

VIEILLARD : Le *Concert aux champs-Éli-
sées*, donné récemment à *Montansier*, est
un ouvrage de circonstance assez agréable.
Pourquoi cet auteur s'est-il associé *Chazet*,
et sur-tout *Lafortelle* ?

VIGÉE, faiseur de petits vers, de petits
volumes, de petits extraits, et d'une petite comédie, intitulée : *l'Entrevue*, qui
n'a jamais joui que d'un très-petit succès.

VILLIERS. Cet auteur s'avise de tout, tantôt, il écrit l'histoire, tantôt des voyages ; aujourd'hui des libelles , demain , une comédie ; mais le public est tellement ingrat , qu'il ne lui tient aucun compte de tant d'importans travaux.

VICTOR *, VIGNON *, VERBOIS *, VER-NON *!!!...

SOCIÉTÉS ET COTTERIES.

IL existe , à Paris , plusieurs genres de réunions : les *Sociétés* Bourgeoises , Parisiennes , et les *Cotteries* littéraires. Les premières sont le rendez-vous des grâces , des plaisirs , de l'esprit , sans pédantisme , et de toutes sortes de jeux aimables et variés. Ici, c'est un bal familier et joyeux , où toute étiquette est bannie ; là , un Wisk , une bouillotte, un thé , un concert, une conversation spirituelle et animée , et toujours un excellent ton. L'Étranger y trouve , surtout , l'urbanité la plus exquise et les prévenances les plus honnêtes.

Dans les cotteries d'auteurs, au contraire, l'ennui est peint sur tous les visages ; un bâillement universel se montre sur toutes les lèvres ; VIGÉE lit ses *Visites* ; on le claque par désœuvrement ; LACHABEAUSSIÈRE débite un mauvais *Conte*, on l'applaudit par distraction ; LEGOUVÉ déclame une longue *tirade de Tragédie*, et on crie *bravo* par complaisance.

A ces froides lectures, succède un mauvais concert ; c'est ainsi que se terminent, à-peu-près, toutes nos réunions littéraires, connues sous les noms d'*Athénées*, de *Lycées*, de *Portiques*, etc.

Il semble que la plus parfaite harmonie règne dans ces cotteries; il est vrai que messieurs les auteurs ne se déchirent point, *en face* ; tous n'ont pas le courage du GASCON *Despaze*; mais, dans l'ombre, ils se portent, réciproquement, mille et mille perfides coups ; chacun d'eux a un journaliste à sa disposition, qui a la honteuse complaisance d'insérer, dans sa feuille, les basses impostures et les plates calomnies de son vil protégé. Il est juste de dire que la vérité perce quelquefois ; qu'importe, a dit un de nos Poëtes anciens :

» *Quelque grossier qu'un mensonge puisse être,*
» *Ne craignez rien, calomniez toujours.*
» *Quand l'accusé confondrait vos discours,*
» *La plaie est faite; et quoiqu'il en guérisse,*
» *On en verra, du moins, la cicatrice.* »

ADDITIONS.

PAGE 97. On prépare au *Théâtre des Arts*, TAMERLAN, Opéra en 4 actes, paroles de *Morel*, musique du célèbre *Winter*, qui sera joué avant LES BARDES, de *Lesueur*

Page 110. LES BOURGEOISES DE QUALITÉ, de *Dancour*, auteur ancien, ont obtenu beaucoup de succès, à *Louvois*.

Page 40. L'*Opéra-comique* sera nouvellement organisé, pour le 15 août. *Fay*, *Dérubelle*, *Dessaules*, *Georget*, etc., sont enfin expulsés. — Le FAUX PORTEUR D'EAU, vaudeville larmoyant de l'inepte *Léger*, n'a point réussi. *Juliet* et *Gaveaux*, malgré tous leurs efforts, n'y sont nullement plaisans.

— *Le Trésor supposé*, d'HOFFMANN, aura le même sort que défunte sa *Femme Avare*.

Page 82. Le *Théâtre Français* n'annonce rien de nouveau. Les auteurs ont retiré des cartons toutes leurs pièces inédites. Le sort de M. d'*Arnaud* les effraie ; ils redoutent les sifflets des *Prytanéens*, des *Politechniquains*, des *Athénéens* etc.

Page 60. *La Marchande de modes*, intrigante, de PAESIELLO, n'a pas obtenu un très-grand succès, à l'*Opéra-Buffa*. La musique, quoique jolie, a paru fort inférieure à celle de *la Meunière* et des *Bohémiens en foire*, du même auteur.

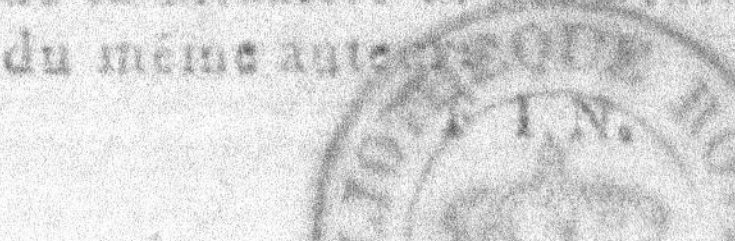